Wendelin Leweke

„Gretchen" und die Nitribitt

Frankfurter
Kriminalfälle

Societäts-Verlag

Inhaltsverzeichnis

Als ein Mord noch dreißig Pfund Heller kostete

In Frankfurt gab es ursprünglich nur eine einzige Strafe, die Geldbuße. Mord, Verwundung, Diebstahl, Injurien und anderes wurden nur auf diese Weise geahndet. Wie verschieden auch die Freveltaten in ihrer Schwere gewesen sein mögen, es gab nur dreierlei Buße, die höchste, die hohe und die niedere. Sie betrugen 30 Pfund Heller, neun Pfund Heller und zwanzig Schilling.« Der Jurist Ferdinand Rau teilt dies am Anfang seiner Inauguraldissertation zur Erlangung der Doktorwürde im Jahr 1906 mit. Das Thema der Doktorarbeit hieß »Beiträge zum Kriminalrecht der Reichsstadt Frankfurt am Main im Mittelalter bis 1532«.

Wenn wir in diesem Buch die Geschichten einiger Verbrechen, Vergehen, obskurer Prozesse und kluger oder weniger kluger juristischer Entscheidungen in Frankfurt schildern, so geschieht das in der Absicht, ein Stück Stadtgeschichte aufzuzeichnen, die sich abseits von Kriegen, hoher Politik, Aufständen und Terror abspielte. Es sind wahre Kriminalgeschichten aus dem Leben einer Stadt, die zur Zeit ihr 1200jähriges Jubiläum vorbereitet. Zu Beginn ist es notwendig, ein wenig in Chroniken zu blättern, um einiges über die Justiz des Mittelalters zu erfahren.

So erstaunte es den Rechtswissenschaftler Ferdinand Rau selbst, daß man von einer Frankfurter Kriminalgeschichte erst vom Jahr 1297 an, also rund 500

Ein Stadtbote im 13. Jahrhundert. Er hatte teilweise auch
Polizeifunktion.

Jahre nach der ersten Erwähnung der Stadt 794, sprechen kann. Im 10. und 11. Jahrhundert war Frankfurt noch eine Königspfalz, der sich eine stetig wachsende Siedlung anschloß. Ein Vogt war der höchste königliche Beamte, dem auch die Gerichtsbarkeit unterstand. Das Datum der eigentlichen Stadtgründung ist nicht bekannt. Sie ist zwischen 1160 und 1170 zu denken. Ein Schultheiß wird 1189 zum ersten Mal erwähnt.

Aus dem Jahr 1297 berichtet die Stadtchronik dies: »Schultheiß, Schöffen, Bürgermeister und Rat teilen der Stadt Weilburg, die im Jahr 1295 von König Adolf Frankfurter Recht erhalten hatte, den Inhalt ihrer Freiheiten und Rechte, deren sie sich von alters her bedienen, in 31 Rechtssätzen mit. Das bisher nur mündlich überlieferte Frankfurter Recht erfährt dadurch in Form eines Weistums seine früheste teilweise Aufzeichnung.«

Diese Grundsätze des Frankfurter Rechts sehen ganz anders aus als die Überlieferungen der Zeit vor dem 13. Jahrhundert. Die Todesstrafen und sonstigen Leibesstrafen sind in der Rechtsordnung sorgfältig notiert. Sie zeigt ein Bild des Mittelalters, dessen Gesetze einen heutigen Menschen zu erschrecken vermögen. Doch gab es in Frankfurt auch eine gewisse Lässigkeit in der Handhabung der strengen Gesetze. Ein Beispiel ist der Bericht aus dem Jahr 1493, wo das Gericht einem Delinquenten die Wahl gelassen hat zwischen Augenausstechen, Ohrenabschneiden oder der Todesstrafe. Er wollte lieber sterben als sich einer Leibesstrafe unterziehen. Man ließ ihn laufen und begnügte sich damit, ihn aus der Stadt zu verweisen.

Mit Ruten schlagen, ins Halseisen stecken, die Ohren abschneiden – den Dieben auch die Hand –, Augen ausstechen und Backen durchbrennen waren im Mittelalter durchaus üblich. So konnte das Gericht auch ohne schriftlich niedergelegte Urteile erkennen, ob ein Gefangener schon vorbestraft war. Gefängnisstrafen im heutigen Sinne gab es nicht. Nur die Untersuchungshaft während der oft langwierigen Prozesse.

Wer aus der Stadt gewiesen worden war, konnte sein Leben verwirkt haben, wenn er heimlich zurückkehrte. Es gab auch Gnadenerweise. So durfte ein Ausgewiesener wiederkehren, wenn er eine Wallfahrt gemacht und davon Kundschaft gebracht hatte. Ein der Bigamie Verdächtiger durfte erst wieder in Frankfurt wohnen, wenn er eine Bescheinigung gebracht hatte, daß er die eine Frau nicht geehelicht hat. Eine wegen Hurerei ausgewiesene Frau durfte unter der Bedingung zurückkehren, daß sie ihre »Buberei« abstelle und zu Mann und Kindern gehe.

Auch die Todesstrafe wurde zum ersten Mal im Frankfurter Stadtrecht 1297 erwähnt. Enthaupten galt als die am wenigsten schimpfliche Strafe. Einem Juden zum Beispiel, der wegen Falschmünzerei verbrannt werden sollte, stellte man anheim, Christ zu werden, damit man ihn erst enthaupten und dann verbrennen konnte. Für Ritter und ihre Gefolgschaft war die Enthauptung die ausschließliche Todesstrafe. Der bekannteste Fall ist der des Bertram von Vilbel.

Der Raubritter vom Niddastrand

Des Wirts vom Einhorn Töchterlein
  War weit berühmt vom Main und Rhein
  Ob ihrer Schönheit mild und zart,
  Ob ihrer züchtig frommen Art.

Ein gewisser Georg Listmann hat im Jahr 1856 in einem Sagenbuch das Schicksal des schönen Wirtstöchterleins geschildert. In diesem jungen Mädchenleben spielte nämlich der Sage nach ein Mann eine große Rolle, von dem es in der Ballade heißt:

Ein Ritter vom Niddastrand
In Frankfurts Dienst als Hauptmann stand,
Bertram von Vilbel, dessen Schloß
Des Flusses Woge breit umfloß.
Der saß gar manchen Sommertag
Im goldnen Einhorn beim Gelag;
Er trank zu Lieb – den Purpurwein
Und blieb zu Lieb – dem Töchterlein.

Abseits aller Sagen und Liebesgeschichten: Es gab ihn wirklich, den Ritter Bertram (auch Bechtram genannt) von Vilbel. Er war Hauptmann in Frankfurt, geriet aber bereits 1387 mit der Stadt in Fehde. Sechs Jahre später verbündete er sich wieder mit dem Rat, was ihn nicht hinderte, als Wegelagerer die Umgebung unsicher zu machen. Die Stadt mußte ihn verklagen. Dann kämpfte er wieder für Frankfurt, wurde gefangen und ausgelöst.

Im Jahr 1399 bauten die Ritter von Vilbel ihre erste Burg, die sehr bald von den benachbarten adligen

Aus der Raubritterzeit. Auf dem Tableau eines Schützenvereins nimmt Ritter Bertram, der hier Bechtram genannt wird, eine besondere Stellung ein. Er ist der Mann mit dem Federbusch.

Herren als »Räubernest« erkannt wurde. Die Burg wurde noch im gleichen Jahr vernichtet. Die Ritter von Vilbel verlegten ihre Tätigkeit auf die Straße. Als ihnen Graf Adolf von Nassau seinen Schutz zusagte, nahmen sie die Gelegenheit wahr, die Feindseligkeiten gegen Frankfurt zu eröffnen. Bertram und sein Bruder Walther plünderten das von Frankfurt nach Mainz verkehrende Marktschiff aus. Der Dichter Georg Listmann hat auch dies in Verse gefaßt:

Der Herr von Vilbel aber trieb

Sein Wesen fort als frecher Dieb;

Er hat das Marktschiff ausgeleert,

Der Raub ihm manchen Schatz beschert.

Und wieder schlossen Stadt und Ritter einen vorübergehenden Frieden. Zwischen 1412 und 1416 wurde Bertram von Vilbel als Hauptmann der Stadt Frankfurt angetroffen. Dann verließ er seinen Dienst, die Wegelagerei lag ihm mehr. Der Rat ermahnte ihn, und der Ritter versprach 1420, daß er die Straßen schonen und niemanden ergreifen und schädigen wolle, sonderlich die Gäste und Kaufleute. Was ihn nicht hinderte, auf dem Heimweg einen gewissen Conrad Schwarz, genannt Schwebele, zu überfallen. Dieser war ein Diener des Kaufhauses Ulrich Arzt aus Augsburg. Bertram schleppte ihn nach Falkenstein.

Im Sagenbuch des Dichters Leistmann ist dieser Kaufmann der Verlobte der schönen Wirtstochter Elsa, auf die ja der Vilbeler Ritter auch ein Auge geworfen hatte:

Durch Zufall ihm zuhanden kam

Der Kaufherr, Elsas Bräutigam. –

Dort, wo der Taunus hoch sich hebt
Ein alter Turm gen Himmel strebt,
Er schaut so stolz herab aufs Land,
Burg Falkenstein wird er genannt.
Da ward der Kaufherr hingebracht
Und tief versenkt in Kerkernacht.
Und:
Schön Elsa wollte fast vergeh'n,
Als sie vernommen was gescheh'n.
Gar manch Gebetlein sprach ihr Mund,
Sie lag sich fast die Knie wund.

Überliefert ist, daß Bertram von Vilbel seinen Gefangenen zwang, einen Brief an seinen Wirt in Frankfurt zu richten, um Geld zu verlangen. Doch der Wirt »Zum Einhorn« reagierte nicht. Wenig später überfiel Bertram am Gutleuthof den Kaufmann Hans Ducke. Was dann geschah, schilderte der Dichter so:

Doch diesmal lagen in der Näh'
Die Söldner Frankfurts auf der Späh'.
Sie setzten hurtig durch den Main
Und schlossen Ritter Bertram ein.
Sie schlugen drauf mit aller Macht,
Daß Schild und Panzer laut erkracht.
Sie schlugen ihn wohl unters Roß,
Sie fingen ihn samt seinem Troß.

Schwebele, der Kaufmann, wurde frei und konnte seine Elsa in die Arme schließen. Bertram von Vilbel aber wurde des Todes für schuldig befunden. Was am 27. August 1420 geschah, ist in der Lersnerschen Chronik auf lateinisch festgehalten. Hier die Übersetzung:

»Bertram von Vilbel, Gewappneter und Hauptmann dieser Stadt, wurde mit seinen beiden Knechten enthauptet, und zwar Bertram vor dem Bockenheimer Tor an einer unter dem Namen ›die Schütt‹ bekannten Stelle, und dort waren aufgestellt zwei Kerzen mit einem Kreuz und einem Sarg auf der Totenbahre, und ein schwarzes Tuch war ausgebreitet, auf dem er selbst geköpft wurde, indem er zuvor alles betrachtet und die Augen nicht verbunden hatte. Dann wurde er zur St.-Katharinen-Kirche getragen und dort beerdigt, während die Knechte an der gewöhnlichen Stelle geköpft wurden. Später wurde Bertram von der Kirche entfernt und im sogenannten Gänsegraben bestattet, weil er im Banne war.

Georg Listmann aber dichtete:
Es starb der wilde Rittersmann
Voll trotz'gem Muth in Acht und Bann,
Und ward verscharrt von Stöckers Hand
Im ungeweihten Sünderland.
So führt die Lieb, das seltsam Ding,
Drum achte du sie nicht gering.
Denn es verlor schon mancher Tropf
Durch sie schon seinen armen Kopf.

Ein Dieb, der zum Tod durch den Strang verurteilt wurde, auf dem Weg zum Richtplatz.

Den Dieb soll man henken und die Hur ertränken

Aufhängen war im Mittelalter und bis in die Neuzeit hinein die am häufigsten erkannte Todesstrafe. Sie galt als die schimpflichste, wurde für Delikte gewählt, die am verabscheuungswürdigsten waren. Das waren keineswegs Mord und Totschlag, sondern der Verrat in allen seinen Variationen. Redlichkeit und Aufrichtigkeit galten als die edelsten Tugenden, treulose Verräterei demnach als das größte Verbrechen. Die Diebe aber stellte man in Anbetracht der Hinterlist und Heimlichkeit ihrer Tat den Verrätern gleich. Es galt die Meinung, daß eine Strafe im Verhältnis zum Verbrechen stehen müsse.

Wie wörtlich der Rat und die Gerichte dies nahmen, läßt sich an folgendem Urteil erkennen. Ein Mann hatte neben einer Reihe von Diebstählen ein Haus in Brand gesetzt, um den Diebstahl zu vertuschen. »Ein Feuer im Haus Wedel«, heißt es in der Chronik, »das Gott gnediglich zu seiner Wirkung nit hat kemmen lassen.« Der Täter hatte elf Burden Leder gestohlen. Er wurde 1525 dazu verurteilt, vor seiner Hinrichtung am genannten Haus zum Weddel mit feurigen Zangen in beide Arme gepetzt zu werden. Danach ist er sogleich mit dem Strang hingerichtet worden.

Nach Rechtsbegriffen, die noch aus der Zeit der Germanen erhalten waren, mußte der Richtplatz der vornehmste Teil der Stadt sein. In der ältesten Zeit befand er sich wohl an einem Platz inmitten der Bockenheimer Straße, der »Im Pfuhl« genannt wurde. Der Platz war von besonderer Wichtigkeit, weil er ursprünglich das Wahlfeld war, auf welchem die deutschen Könige gewählt wurden und von dem aus sie ihren Einzug in die Stadt hielten. Bis etwa zum Jahr 1400 mußte der Neugewählte sechs Wochen und drei Tage Lager halten und warten, ob sein Gegner ihm nicht den Einzug in die Stadt streitig machte. Im Jahr 1333 war die Richtstätte in das aus Wiesen und Feldern bestehende Galgenviertel verlegt worden, wo sie bis zum Anfang des 19. Jahrhunderts verblieb. Es war in der Gegend des heutigen Hauptbahnhofes. Die Galluswarte hieß früher »Galgenwarte«.

Frauen wurden nicht erhängt. Sittlichkeit und Anstand damaliger Zeit ließen es nicht zu, daß die Frauen wie die Männer monatelang an den Galgen hingen. Die übliche Strafe für weibliche Delinquenten war das Ertränken, das meist bei Nacht geschah, weil auf der einzigen Mainbrücke bei Tage zuviel Fahrverkehr herrschte. »Den Dieb soll man henken und die Hur ertränken«, hieß es.

Es gibt einige Überlieferungen wie die einer »ehelich husfru«, die 13 Gulden Goldes aus einer Lade genommen hatte, oder auch den Fall der Margarete von Leipzig, »einer gemeinen Dirne, die nachts ihre Buhlen, so sie mit ihnen fleischlich zu schicken gehabt«, bestohlen hatte. 1506 wurden zwei Frauen auf einmal in den Main geworfen, weil sie geschworen hatten, die Stadt nicht wieder zu betreten, und dennoch wiedergekommen sind.

Freilich wurden auch Männer in den Main geworfen. Betrug, Falschspiel, Falschmünzerei und Bigamie waren die hauptsächlichen Delikte, derentwegen sie ertränkt wurden. Der Züchtiger führte den Delinquenten auf die Brücke, band ihm die Knie, Hände, Arme und warf ihn in den Strom. Manche wurden in ein Faß gesteckt, andere mit Steinen am Hals beschwert oder in einen Sack mit Steinen gesteckt. So kam ein Mann aus Bayern 1438 ums Leben, als er bekannt hatte, daß er mit falschen Würfeln und Karten gespielt habe, kupferne Ringe für Gold geschmelzt und daraus Schmuck gemacht und verkauft habe. Selbstmörder, die ja nicht in geweihter Erde ruhen durften, wurden nach ihrem Tod verurteilt und ins Wasser geworfen.

Die Strafe des Verbrennens wurde im 15. und 16. Jahrhundert nur noch für Selbstmörder angewendet. Andere Delinquenten wurden vorher erwürgt oder enthauptet. Kirchendiebstahl wurde so geahndet. Einem solchen Räuber hängte man beim Verbrennen verschiedene Kelche um den Hals. Auch schwere Unzucht, Falschmünzerei und Brandstiftung konnten Todesurteile durch Verbrennen nach sich ziehen. In Frankfurt kam weder ein Zauberer noch eine Zauberin auf den Scheiterhaufen.

Die Strafe des Siedens wurde nur einmal verhängt. Es mußte eigens ein Kessel angeschafft werden. Rädern war eine Strafe für Mord. In einer Chronik steht geschrieben: »1397 sind neun auf einmal hier gerädert worden.« Nur ein einziger Fall von Lebendigbegrabenwerden ist bekannt. Ein 18jähriges Mädchen, das seine Herrin ermordet hatte, wurde so bestraft.

Kaiser Karl V. verkündet im Jahr 1535 die neue Gesetzesreform,
»Carolina« genannt.

Ein Unglücksrabe kommt geflogen

Im Jahr 1532 erließ Kaiser Karl V. die »constitutio criminalis carolina«, kurz die Carolina genannt. Ihre Grundlage war die bambergische Halsgerichtsordnung. Die Carolina wurde Reichsgesetz und war im 16. und 17. Jahrhundert auch in Frankfurt Basis des Strafrechts und der Strafprozesse. Es war zur Zeit der Reformation. 1522 hatte Hartmann von Ibach zum ersten Mal in der Katharinenkirche eine protestantische Predigt gehalten, in den Jahren darauf wurde Frankfurt evangelisch, ohne freilich den Kontakt mit den katholischen Kaisern aufzugeben. Frankfurt blieb Stadt der Krönungen. Das 16. Jahrhundert war die Epoche des Aufbruchs, ein neues Zeitalter begann.

Die Carolina war eine Gesetzesreform, die aber zunächst an der Art der Rechtsprechung nichts änderte. Immerhin aber gab es genauere Richtlinien, vor allem auch, was die peinlichen Verhöre, die Folter also, betraf. Die Prozesse zogen sich, vor allem bei Totschlagdelikten, sehr lange hin. Die Beschuldigten saßen oft jahrelang im Turm und warteten auf ihr Urteil. In manchen Fällen konnte auch die Drohung mit der Folter schon zum Geständnis und damit zur Urteilfindung führen. So geschah es mit dem Strumpfwirker-Gesellen Hans Reible aus Butzbach.

Der Fall ist auch im Frankfurter Sagenschatz zu finden, weil, wie es in den Chroniken heißt, während der Verhandlung gegen den Verdächtigen ein Rabe durch den Gerichtssaal im Römer flog. So aufgeklärt waren die Frankfurter noch nicht, daß sie es nicht als böses Omen deuteten. So steht es im Frankfurter Sagenschatz: »Als er (der Angeklagte) nun hoch oben im Gerichtssaal des Römers stand, seine schlimme Tat noch immer leugnete und sich bereit erklärte, seine Unschuld zu beschwören, da kam, als er schon die Hand zum Schwur erhoben hatte, ein Rabe durch den Schornstein herab in den Kamin geflogen, umkreiste den Falschschwörer und flog dann wieder zum Saalfenster hinaus.«

Ein Maler hatte um 1617 diese Begebenheit im Bild festgehalten. Es zeigte einen rückwärts gebundenen Menschenkörper mit abgeschlagenem Haupt und darüber einen großen Raben im Flug. Das Bild wurde zum Wahrzeichen des Gerichtssaales. Der Frankfurter Chronist Achilles August von Lersner berichtet, er habe das Gemälde 1796 noch gesehen. Später war es verschollen.

Was aber im Jahr 1606 im Haus des Hosenwirkers Jakob Schlegel in Butzbach geschah, hört sich nicht nach Sage, sondern nach handfester Wirklichkeit an. Der Geselle Hans Reible hatte ein Verhältnis mit der Ehefrau des Meisters. So soll es auch die Meisterin gewesen sein, die dem Gesellen versprach, sie werde ihn heiraten, wenn er ihren Ehemann aus dem Weg geräumt habe. Auch der Schwiegervater des Strumpfwirkers wäre mit einem neuen Schwiegersohn einverstanden gewesen.

An einem Abend lauerte der Geselle Reible seinem Meister bei Butzbach auf und schlug ihn auf offener

Straße nieder. Doch Jakob Schlegel war von zäher Natur. Er kam mit dem Leben davon und wurde schwer verwundet in sein Haus gebracht. Anders die Ehefrau. Lersner berichtete so: »Die Frau ist so erschrocken, daß sie in tödliche Schwachheit gefallen. Und obgedachte Tat gab sie auf ihrem Totenbett im Beisein zweier Herren vom Rat in Butzbach bekannt und verstarb.«

Der Geselle Hans Reible flüchtete nach Frankfurt und wurde dort auf Veranlassung des Meisters Schlegel festgenommen. Dem Beschuldigten wurde ein Totschlagversuch vorgeworfen, begangen in der Gegend von Butzbach. Der Geselle wanderte in den Turm. Sein Kläger, der Meister Jakob, kam auch in Haft. So wollte es das Gesetz in Frankfurt. Einen peinlichen Prozeß nämlich mußte der Verletzte selbst führen. Da es für den Schuldigen um Leib und Leben, mit Sicherheit auch um eine lange Untersuchungshaft ging, mußte sich auch der Kläger einer Haft unterwerfen. Freilich in angenehmerer Form als der Beklagte. Reible erklärte dem Gericht, daß er zu Unrecht angeklagt sei. Da kam der Rabe aus dem Kamin.

Zwei Jahre nach der Tat entschied das Gericht, die Verdachtsmomente seien so stark, daß man gegen den Verdächtigen mit der Folter vorgehen könne. Nach Lage der Dinge konnte er nur nach einem eigenen Geständnis verurteilt werden. Angesichts einer bevorstehenden Folter aber legte Hans Reible ein vollständiges Geständnis ab. Am Morgen des 2. September 1608 wurde er zum Tod durch das Schwert verurteilt und sogleich hingerichtet.

Der Kopf wurde an einen Pfahl gesteckt, der Körper an einem »verruchten Ort« begraben.

Die Enthauptung des ehrenfesten Junkers Veit

Ein Frankfurter Chronist mit Namen Peter Müller berichtet: »Dem 21. Oktober 1618 ist vor dem Römer bey dem springenden Brunnen ein hohes Gerüst gemacht worden. Darauf hat man ein viereckig schwarz Tuch gebreitet, darauf ein Stuhl gestellt. Sobald als 12 Uhr geschlagen hat, ist auf solch Gerüst gebracht worden der edel und ehrenfest Junker Veit von Dingen, welcher im Jahre 1617 den 16. April den edeln und ehrenfesten Junker Hans Jörg von Ebenleben allhie zum Wolfseck erstochen hat. Er ist auch ganz ledig und los, nit gebunden, zwischen den Pfarrherren hinaufgegangen. Als er nun ist oben gewest, hat er sich selbst ganz oben her ausgezogen, seinen Mantel, den Hut, Kragen und das Wamms, alles dem Wadtmeister geben, auch seine Augen selbst verbunden mit schwarzem Taffet und sich willig in den Tod geben.«

Auf so feine Art wurden im 17. Jahrhundert zu Frankfurt die edel und ehrenfesten Junker vom Leben in den Tod befördert. Veit Ulrich von Thüngen (in Müllers Bericht »Dingen« geschrieben) hat nichts anderes getan als bei einem Wirtshausstreit den Degen gezogen und seinen Gesprächspartner tödlich getroffen. Solche Händel kamen öfter vor, doch wenn der Degenhieb nicht tödlich war, nahmen es die Gerichte nicht so tragisch. Eine Geldbuße, die solche Junker lässig zahlten, war meist die Strafe. Ging der Streit

Die Hinrichtung des Vinzenz Fettmilch und seiner Genossen, die
wegen des Aufstands gegen den Rat verurteilt worden waren, am
28. Februar 1616. Der Stich zeigt deutlich, wie groß die
Anteilnahme der Bevölkerung bei Hinrichtungen im 17.
Jahrhundert war. Der Richtplatz ist voller Aktivitäten.

tödlich aus, so hatte der Degenfechter auch sein Leben verwirkt. Aber nicht seine Ehre. Der Scharfrichter durfte ihn nur mit dem Schwert berühren, auch ein ehrliches Begräbnis wurde ihm nicht versagt.

Im Wirtshaus zum Wolfseck stieg in der Karwoche des Jahres 1617 der Herr Georg von Ebeleben, kurpfälzischer Rat aus Oppenheim, im Gasthaus »Wolfseck« ab. Am 26. April besuchten einige fränkische Edelleute ebenfalls das Lokal. Alles verlief normal, man kam ins Gespräch, Veit Ulrich von Thüngen, ein Herr von fränkischem Adel, unterhielt sich mit Georg von Ebeleben. Man sparte nicht am Wein, der die Unterhaltung belebte. Schließlich kam es zum Wirtshausstreit. Veit Ulrich von Thüngen zog den Degen und stach den unbewaffneten kurpfälzischen Rat nieder.

Die erste Reaktion des fränkischen Edelmannes war die: Er versuchte in der Kleidung seines Dieners die Stadt zu verlassen. Er wurde erkannt und in das Hospital gebracht. Nicht etwa, weil er verletzt gewesen wäre, sondern weil dies das Gefängnis für vornehme Häftlinge war. Die Frau des Verletzten kam aus Oppenheim. Sie saß am Bett ihres Mannes, als dieser ein paar Tage später starb. Die Leiche wurde nach Oppenheim überführt.

Der Prozeß gegen Veit Ulrich von Thüngen dauerte fast anderthalb Jahre, obwohl an dem Tatbestand keinerlei Zweifel existierten. Die Witwe des Opfers ließ sich in Frankfurt durch einen Anwalt vertreten, der den Junker des vorsätzlichen Mordes beschuldigte und behauptete, der Angeklagte habe schon

mehrere Seelen wegen ähnlicher Delikte auf dem Gewissen. Dieser nahm sich auch einen Anwalt und
brauchte auf eigenen Wunsch nicht mehr vor Gericht
zu erscheinen. Er saß als Häftling standesgemäß im
Kastenspital. Der Spitalmeister war es aber bald leid,
auf ihn aufpassen zu müssen. Der Ritter bekam im
Bornheimer Turm das oberste Stüblein zugewiesen,
das auch recht komfortabel erschien.

Als Gericht tagte der Schöffenrat unter Vorsitz des
Stadtschultheißen. Der Anwalt des Angeklagten
wußte sehr geschickt den Prozeß immer wieder hin-
auszuzögern. Er wollte auf diese Weise seinen Man-
danten noch eine Zeitlang am – durchaus angeneh-
men – Leben erhalten. Gutachten wurden von den
Universitäten Heidelberg, Gießen, Köln und Tübin-
gen angefordert. Die Meinungen stimmten überein:
Der Junker habe sein Leben verwirkt und sei mit dem
Schwerte hinzurichten.

Der Gefangene wurde gebeten, zur Urteilsverkün-
dung selbst zu erscheinen. Auch wurde ihm mitgeteilt,
er möge seine Angelegenheiten so ordnen, daß er bereit gefunden werde, falls das Urteil gegen ihn ausfal-
len werde. Junker Veit Ulrich von Thüngen be-
schenkte die Geistlichen, die ihn betreut hatten, mit 50
Gulden, den Wachtmeister mit dem gleichen Betrag.
Die Frau des Wachtmeisters bekam 30 Gulden, und
sogar das Söhnchen wurde mit zehn Gulden bedacht.

Der Junker wurde zum Tod durch das Schwert verurteilt. Eine riesige Menschenmenge hatte sich auf
dem Römerberg versammelt. Augenzeuge Peter Müller berichtet: »Als er gesessen ist, ist der Scharfrichter

alsbald aufs Gerüst gegangen und hat ihm den Kopf abgeschlagen, alsbald wieder heruntergangen und ihn gar nicht wieder angerührt. Sobald er gelegen ist, sind 6 Soldaten dagewest mit Trauermänteln bekleidet. Dieselben haben ihn in schwarz Tuch gewickelt und in ein hölzern Sarg gelegt und also von dem Gerüst hinweggetragen bis in die Niklauskirche. Man hat ihm auch das Kreuz vorgetragen wie einem Verstorbenen, der sonst auf dem Bett gestorben war.«

In großen Truhen bewahrten die Patrizier Goldstücke, Schmuck
und Juwelen auf. Eine solche stand auch im Römer. Die Besitzer
der Pretiosen wähnten ihre Schätze dort sicher in unruhigen Zeiten.

Der Erzdieb und die diamantene Rose

Der Weißbinder Barthel Grünich galt als ehrenwerter Handwerker. Im Winter 1635 hatte ihn der Rat mit Renovierungsarbeiten im Römer betraut, die er auch ordentlich ausführte. So wäre das vielleicht sein ganzes Leben gegangen, wenn er nicht durch einen Zufall als »Haupt- und Erzdieb« erkannt worden wäre. Freilich war für den Weißbinder, der sich aufs Diebeshandwerk offenbar ebensogut verstand, die Versuchung im Römer groß.

Es war im Dreißigjährigen Krieg. Unsicherheit herrschte überall im Land. Raubgesindel zog umher, Plünderungen waren alltäglich. Die Gewölbe des Römers aber, so dachten viele Leute, waren ein sicherer Aufbewahrungsort für wertvolles Hab und Gut. Sie brachten Schmucksachen und Ehrengaben von hohem Wert ins Rathaus, die Sachen wurden registriert und in einer schweren Truhe verstaut. Es war ein Schatz der schönen Dinge. Eine Rose aus Diamanten war da aufbewahrt, ein diamantbesetztes Herz, Uhren, goldene Spangen, Ketten, Perlen, Korallen, sogar ein silberbeschlagener Türkensäbel.

Der Handwerker Barthel Grünich wußte natürlich von dem Schatz und bereitete den Diebstahl sorgfältig vor. So fiel es niemandem auf, daß er an einem Abend den Römer nicht verließ. Er hatte sich versteckt. Um Mitternacht öffnete Grünich mit selbstverfertigten Nachschlüsseln die Truhe. Draußen am Fenster stand seine Frau Barbara und nahm die Kostbarkeiten in

Empfang. Schließlich stieg er selbst aus dem Fenster. In welche Schwierigkeiten die Stadt Frankfurt mit den Besitzern der Preziosen geriet, läßt sich vorstellen. Doch der Schatz blieb verschwunden.

Bis im Februar 1637 der Münzmeister zwei Münzen aus Gold beim Rat ablieferte, die ihm verdächtig erschienen. Ein Ratsherr erkannte sie als Teile einer Ehrenkette, die zum gestohlenen Schatz gehörte. Sie war in Frankfurt gearbeitet worden, und der Goldschmied bestätigte, daß die Goldstücke von der »Schönberg-Kette« stammten. Die Fahndung begann.

Hans Jakob zum Dattelbaum hatte das Gold an die Münze geliefert. Er hatte es von einem Goldschmied erworben. Dieser wiederum erklärte, er habe es einem Barbierjungen aus Bornheim für drei Taler abgekauft. Dieser, Michel hieß er, wollte es von seinem Meister bekommen haben, es sei die Belohnung für die Heilbehandlung eines Soldaten gewesen. Der Meister wußte davon nichts. Er nämlich habe gehört, der Junge habe das Gold von seinem Bruder, einem Mönch, bekommen.

Die Folter, in den Gerichtsverfahren dieser Zeit ein übliches Mittel zur »Wahrheitsfindung«, kam ins Gespräch. Dem Barbierjungen Michel, der inzwischen im Katharinenturm, dem Gefängnis der Stadt, saß, wurde sie zunächst angedroht. Sogleich gestand er dies: Er habe das Geld im Stroh eines Bettes gefunden, in dem ein Weißbinder aus Sachsenhausen geruht hatte, nachdem er von dem Barbier behandelt worden war. Die Barbiere versorgten damals auch Wunden und kleinere Leiden.

Barthel Grünich war dann schnell gefunden. Er fand noch Gelegenheit, alle Wertsachen, die er noch hatte, im Ofen zu verstecken. Dann erklärte er, ein schwedischer Marketender habe ihm vor einiger Zeit das Gold und die Wertsachen verkauft. Der Weißbinder wurde im Schuldturm eingesperrt, was eine leichtere Form der Haft war. Immer mehr Gegenstände aus der Truhe im Rathaus wurden bei Händlern gefunden, die sie gekauft hatten. Dem Dieb aber gelang es, aus dem Gefängnis auszubrechen und die Stadt zu verlassen. Seine Stieftochter Ursula und deren Mann Jakob Rumpf sollen dem Vater zur Flucht verholfen haben.

Der Mann war zunächst nicht aufzufinden, die Ehefrau Barbara wurde festgenommen. Um ein Geständnis zu erhalten, wurden ihr die Daumenschrauben angelegt. In den Chroniken heißt es, sie habe ein solches Geschrei angefangen, daß nichts auszurichten war. Die Frau wurde ins Hospital gebracht. Als sie bei der nächsten Vernehmung wiederum keine Aussage machte, wurde sie an ihren auf dem Rücken zusammengebundenen Händen in die Höhe gezogen. Mit ausgerenkten Armen gestand sie, sie sei dabeigewesen. Als sie wieder auf festem Boden stand, widerrief sie ihr Geständnis. Noch einmal wurde sie hochgezogen und etwas länger hängen gelassen. Sie sagte, die Sachen seien in einer Schachtel vergraben. Die Schachtel wurde nicht gefunden. Bei nächster Gelegenheit stürzte sich Frau Barbara in einen Brunnen. Sie wurde schwer verletzt herausgezogen. Man verzichtete auf weitere Verhöre.

Um diese Zeit tauchte auch Barthel Grünich wieder auf. In Höchst wurde er gesehen und festgenommen. Ein langes Auslieferungsverfahren begann. Höchst war kurmainzisches Gebiet, für die Freie Stadt Frankfurt fernes Ausland. Am 5. März 1637 wurde der Verdächtige schließlich nach Frankfurt gebracht. Zehn Tage später wurde er hingerichtet. Viel Volk hatte sich an der Richtstätte versammelt, alle wollten den Haupt- und Erzdieb sehen. Dem Urteil folgend wurde ihm zuerst die rechte Hand abgehauen, der Stumpf mit glühendem Eisen gebrannt. Dann wurde er an das Kreuz des Galgens gehängt und die Hand über ihn gesteckt. Frau Barbara wurde auf einem Stuhl sitzend enthauptet.

Am 27. Juli 1638, also 16 Monate nach der Hinrichtung, wurde dem Rat berichtet, der Leichnam Grünichs sei abgerissen worden, nur der Kopf hänge noch. Der Rat ordnete an, daß der Körper wieder festgebunden werden solle. Zum abscheulichen Exempel.

Der Hexenwahn bleibt draußen vor dem Tor

In Frankfurt brannten keine Scheiterhaufen, auf denen Menschen, die als Zauberer oder Hexen verurteilt worden waren, ihr Leben lassen mußten. Im 16. und 17. Jahrhundert, als ringsum im Lande die Hexenjagd zugange war, zeigten sich in der Freien Stadt die Gerichte abwägend und zurückhaltend. Im Städtchen Dieburg wurden im Jahr 1627 85 Personen wegen Zauberei verbrannt, in Darmstadt am 24. August 1683 zehn Menschen auf einmal. Im Bistum Fulda wurden in den Jahren 1693 bis 1705 250 Frauen als Hexen zum Tode verurteilt. An Frankfurt ging das große Feuer vorüber.

Hexenprozesse gab es auch hier. Doch von jenem Fanatismus und gläubigen Übereifer, wie er in deutschen Landen üblich war, berichten die Chroniken nichts. Den Anschuldigungen wurde nachgegangen wie bei anderen Straftaten auch. So geschah es im Verfahren gegen die Sachsenhäuser Bürgersfrau Elisabeth Burgk, die 1670 der Hexerei angeklagt wurde und die volle zwei Jahre in Haft saß. Es war der erschütterndste Hexenprozeß in der Frankfurter Rechtsgeschichte.

Elisabeth Burgk hatte zwei Stiefkinder, die 13jährige Elisabeth und den achtjährigen Melchior. Sie standen unter der Vormundschaft des Andreas Laubheimer. Als dieser erfuhr, die Kinder hätten ihrem Stiefbruder Nikolaus erzählt, sie seien vom »bösen

Philipp Jakob Spener war von 1666 bis 1686 lutherischer Pfarrer und Sozialreformer in Frankfurt. Er nahm die Kinder ins Gebet, so daß sie die Wahrheit gestanden. So blieb der Hexen-Aberglaube aus Frankfurt verbannt.

Feind« getauft worden, zeigte er die Mutter beim Gericht an. Die Kinder erzählten eine Geschichte, bei der sich auch heutigen Lesern noch die Haare sträuben können.

Im letzten Jahr, als der Vater noch gelebt habe, so erzählten es die beiden Kinder, habe die Stiefmutter, als es zur Betstunde geläutet habe, den Kindern gut zugesprochen, sie bei der Hand genommen und an einen häßlichen Ort geführt. Wenn sie nicht gehorcht hätten, seien sie sicher geschlagen worden. Zum Affentor seien sie geführt worden und von dort auf Bökken durch die Luft geflogen. Der Ort sei sehr weit gewesen, sie seien wohl zwei Stunden geritten.

An diesem fremden Ort habe sie der böse Feind erwartet. Er sei ganz schwarz gewesen und habe Klauen gehabt. Die Kinder hätten gejammert und nach Hause gewollt, doch die Mutter und der böse Feind hätten nicht reagiert. Sie seien an einen Brunnen gekommen, da habe ein Tisch gestanden. Der böse Feind habe aus dem Brunnen Wasser geschöpft. Er habe die beiden Kinder unter den Tisch geworfen, herumgewälzt, sie wieder aufgehoben und in Teufels Namen getauft. Bei diesem verfluchten Taufakt sei die Stiefmutter nicht müßig gewesen und habe den Kindern die Töpfe und die irdene Schüssel gehalten, aus welcher sie getauft wurden.

Bei der Taufe seien viele Männer und Weiber dabeigewesen. Nach der Taufe habe die Stiefmutter den Kindern Geld gegeben, damit sie nichts verraten sollten. Der böse Feind habe den Kindern die Hand gegeben und sie gefragt, ob sie ihm gehören wollten. Worauf sie mit ja geantwortet und Gott abgesagt hätten. Er habe dem Mädchen einen Kranz und dem Knaben eine Krone gegeben. Dann habe er die Kinder zum Tanz geführt, mit ihnen gegessen und getrunken. Zwei Spielmänner und viele Leute seien dabeigewesen, die sie aber nicht gekannt hätten. Elisabeth habe mit einem bösen Geist getanzt, der einen schwarzen Rock trug, auch der achtjährige Melchior habe eine Braut bekommen und mit ihr getanzt.

Der böse Feind habe den Kindern gedroht, sie sollten nichts sagen, sonst drehe er ihnen den Hals herum. Auch dem Vater sollten sie nichts sagen. Elisabeth habe es doch getan. Der Vater sei darüber erschrocken, habe geschrien und sei anderntags gestorben. Der böse Feind habe auch das Mägdlein geschickt, das Kind seines älteren Bruders umzubringen. Auch von sexuellen Annäherungen des bösen Feindes berichtete das Mädchen. Ankläger im nun folgenden Verfahren war Dr. Trinks. Er war von der Schuld der Hausfrau Elisabeth Burgk überzeugt.

Das wichtigste Argument des Anklagevertreters war dies: Die Kinder können sich unmöglich dies alles aus den Fingern gesaugt haben. Auch scheine ihm solche Hexerei durchaus möglich. Wie stets in solchen Fällen fanden sich weitere Kläger. Der Hospitalmeister sagte aus, die Burgkin habe seinem Hund zu fressen gegeben und dazu gesagt: »Daß dir's der Teufel gesegne!« Am Tag darauf sei der Hund gestorben. Die Leute, die es gesehen hätten, seien auch gestorben. Zu solchen Aussagen erklärte die Frau vor den Richtern: »Ei, daß doch der Henker solche Leute hole! Wenn es wahr ist, will ich nicht lebend hier herausgehen!«

Auch der Sohn Nikolaus Burgk sagte gegen die Mutter aus. Er habe der Frau ein Kalb abgekauft, das frisch und gesund gewesen sei. Als es größer geworden sei, sei die Milch blau gewesen, dann ganz ausgegangen. Die Burgkin habe gesagt, die Kuh werde bald ihre Milch haben, dann habe sie zu zanken und zu fluchen angefangen. Die Kuh habe danach wieder Milch gegeben. Außerdem wollte der Sohn gesehen haben, daß mehrere Male ein schwarzer Mann bei ihr gewesen sei. Es könne gemutmaßt werden, daß der böse Feind mit ihr gebuhlt und Unzucht getrieben habe. Auch sei sie nicht unschuldig am Tod ihres Mannes.

Elisabeth Burgk ließ sich auch auf der Folter kein Geständnis abpressen. Der Rat genehmigte ihr Dr. Beckenstein als Verteidiger. Gutachter des Rates waren Dr. Rasor und Dr. Spenglin. Gutachten wurden aus Straßburg und Speyer angefordert. Aus Straßburg kam der Rat, die Kinder durch das Gremium der Geistlichen vernehmen zu lassen. Das brachte die Wende im Prozeß.

Die Vernehmung leitete Philipp Jacob Spener, ein Geistlicher mit großen Verdiensten um die Stadt und Begründer der pietistischen Bewegung. Diesem Mann gelang es, den Kindern so ernsthaft ins Gewissen zu reden, daß sie schließlich Geständnisse ablegten: Kein Wort sei wahr, alle ihre Aussagen habe ihnen der erwachsene Bruder Nikolaus beigebracht. Auch bei den Vernehmungen vor dem Rat gaben die Kinder an, daß es sich bei ihren Erzählungen um reine Erfindungen gehandelt habe. Bei einer Konfrontation mit Nikolaus Burgk hielten sie sich aber zurück. Der Mann konnte nicht bestraft werden. Die Kinder wurden vom Bettelvogt mit Ruten gestrichen.

Am 7. Juli 1671 wurde Elisabeth Burgk freigesprochen. Sie mußte sich verpflichten, die Stadt für einige Zeit zu verlassen. Nach einem Jahr kehrte sie heim.

Es ist nicht alles Gold, was Kassen füllt

Frankfurt ist das Silber- und Goldloch, dadurch aus deutschem Land fleußt, was nur quillet und wächst, gemünzt und geschlagen wird bei uns. Wäre das Loch zugestopft, so dürfte man jetzt die Klage nicht hören, wie allenthalben eitel Schuld und kein Geld, alle Land und Städte mit Zinsen beschwert und ausgewuchert sind.« Das Zitat von Martin Luther, das er in seiner Schrift »Von Kaufhandel und Wucher« 1524 niederschrieb, wird noch immer gern zitiert. Das »Silber- und Goldloch« läßt sich leicht auf den heutigen Handel mit Geld übertragen.

Es mag nicht verwundern, daß diese Stadt im 17. Jahrhundert eine starke Anziehungskraft für Falschmünzer und Falschgeldverteiler besaß. Auf der einen Seite hatten sie hier die Gelegenheit, ihre heiße Ware unterzubringen, auf der anderen Seite mußten sie sehr vorsichtig sein. In Frankfurt wurde der Geldhandel mit einer Sachkenntnis betrieben, wie man sie in deutschen Landen kein zweites Mal fand. Falschmünzerei konnte, wurde der Täter dabei erwischt, mit dem Tod durch den Strick enden. Einem gewissen Johann Dietrich Schlüter gelang es um das Jahr 1667, den Kopf aus der Schlinge zu ziehen.

Heute noch wundern sich Wirtschaftsexperten darüber, daß es Menschen gab, die sich in dem Durcheinander der Währungen in deutschen Landen überhaupt zurechtfanden. Es gab keine einheitliche Regelung, nicht einmal zwischenstaatliche Vereinbarun-

Auf den Frankfurter Messen – hier ein Stich aus dem Jahr 1696 –
kam alles Geld zusammen, das in deutschen Landen geprägt und
geschlagen wurde. Auch die Falschmünzer fanden hier
Gelegenheit, ihr in versteckten Werkstätten hergestelltes Geld
unter die Leute zu bringen.

gen. Jeder kleine Potentat konnte Münzen schlagen lassen, konnte das Schlagen an Unternehmer verpachten. Münzpächter brachten hochwertige Geldstücke an sich, schmolzen sie in größerer Zahl in geringwertigere um. In Frankfurt, dem führenden Ort Deutschlands im Goldhandel, wurden alle Arten von Münzen gehandelt. Und jeder betrog jeden.

Im Jahr 1676 wurde der Goldschmied und Siegelkerber Johann Dietrich Schlüter in Frankfurt verhaftet. Ein Geldwechsler hatte den Mann angezeigt, weil dieser ihm gegen gutes Geld falsche Dukaten holländischen Gepräges angedreht hatte. Das Gewicht der Münzen war vollständig und richtig, doch innen waren sie mit Blei gefüllt, das sehr subtil mit Gold überzogen war. Schlüter hatte gemeinsam mit seinem Bruder versucht, zwanzig solche Dukaten zu verkaufen. Es war eine recht bedeutende Summe. Als die Fälschung erkannt war, wollte Schlüter flüchten, doch das gelang nur seinem Bruder.

Johann Dietrich Schlüter hatte in seiner Jugend sechs Jahre lang das Handwerk des Goldschmieds gelernt und war weitere sechs Jahre auf Wanderschaft gewesen. Selbst Königsberg und Stockholm soll er gesehen haben. Danach berief ihn der Souverän von Nassau-Weilburg an seinen Hof. Seine Künste als Siegelkerber waren dort gefragt. Neun Jahre lebte er schon in Weilburg.

Nach seiner Verhaftung erklärte er vor dem Rat der Stadt, er habe die Dukaten von einem Marketender bekommen. Inzwischen hatte der Rat weitere Informationen erhalten und den Verdächtigen ermahnt, er solle gestehen, daß er das Geld selbst hergestellt und auch in Marburg schon Falschgeld verkauft habe. Davor wolle ihn Gott behüten, sagte Schlüter, er habe nur diese zwanzig Dukaten besessen, die er aus Weilburg mitgebracht habe.

Die Ratsherren in Frankfurt, die über den Siegelkerber zu Gericht saßen, drohten mit anderen Maßnahmen. Wenn er nicht gestehe, müsse man schärfere Fragen an ihn richten. Schlüter nahm sich einen Verteidiger und erklärte, er wolle nicht hoffen, daß man ihn mit der Folter bedränge. Er sei in Gottes und der Obrigkeit Hand. Letztere war schließlich mächtig genug, den Verdächtigen zu schützen.

Bei den Geldwechslern in Frankfurt herrschte Unruhe. Ein Mann namens Buchsbaum legte sieben Dukaten vor und erklärte, er habe sie von einem gewissen Hirsch aus Marburg. Hirsch wurde nach Frankfurt geholt. Er sagte aus, Schlüter sei der Kerl, der mit seinem Bruder zusammen falsche Dukaten eingewechselt habe. Der Beschuldigte erklärte, er sei lange nicht in Marburg gewesen.

Schließlich schaltete sich auch die Ehefrau des Beschuldigten ein. In mehreren Bittschriften erklärte die »demütig-hochbetrübte Magd Gertraud Schlüter«, ihr Mann habe im Jahr 1673 bei französischer Einquartierung die Dukaten von einem Perlmutthändler als Bezahlung für Schmucksachen erhalten und für echt angenommen. Erst als er sie später einschmelzen habe wollen, habe er die Fälschungen entdeckt. Um nun außerordentlichen Schaden von sich zu wenden, habe er sich betören lassen, die Dukaten weiterzugeben.

Trotz aller Anschuldigungen wurde Schlüter nicht gefoltert und auch nicht verurteilt. Dank der Protektion seines Landesherrn wurde er schließlich freigelassen. Er hatte ein Jahr im Turm gesessen, was unter den damaligen Verhältnissen schon eine schwere Leibesstrafe war. Vor allem im Winter.

Und am Ende hat es den Johann Dietrich Schlüter doch erwischt. Am 6. Februar 1705 wurde er in Hanau wegen Falschmünzerei verurteilt und mit dem Schwert hingerichtet. Das war fast dreißig Jahre nach den Vorfällen in Frankfurt.

Das Palais (Detail der Fassade) der reichen Familie von Barckhausen, der ein Klettenberg als Schwiegersohn nicht gut genug war, stand an der Zeil. Von 1742 bis 1744 war es die Residenz des Wittelsbacher Kaisers Karl VII.

Romeo und Julia oder Die heimliche Hochzeit am Affentor

Verona ist überall. Doch die Geschichte von Romeo und Julia in Frankfurt verlief am Ende weniger dramatisch als bei Shakespeare. Als im August 1706 der Rat der Stadt den Hausarrest für das junge, heimlich verheiratete Paar aufhob, dafür aber bestimmte, sie dürften sich nicht gemeinsam in der Öffentlichkeit sehen lassen, verlief die Sache deshalb im Sande, weil kein Mensch sich um die Klausel kümmerte.

Wie in Verona aber spielte die Geschichte in den vornehmsten Kreisen der Reichsstadt. Von Frankfurter Adel waren die jungen Leute, die sich verliebt hatten, alle beide. Doch wollte der Ratsherr, Bürgermeister und Schöffe Bartholomäus von Barckhausen seine Tochter Rebecca nicht dem Sohn des Stadtschultheißen Seifart von Klettenberg zur Frau geben. Offenbar hielt er den ziemlich frischen Adel des Schultheißen nicht für ebenbürtig.

Die Barckhausens nämlich waren eine reiche Patrizierfamilie, die während des Dreißigjährigen Krieges aus Westfalen nach Frankfurt geflüchtet war und hier einen einträglichen Handel mit englischen und italienischen Waren, dazu umfangreiche Geld- und Wechselgeschäfte betrieb. Ihr stattliches Haus stand auf der Südseite der Zeil. Kaiser Karl VII., der Wittelsbacher, der nach seiner Krönung nicht in seine Heimatstadt München zurückkehren konnte, residierte hier von

1742 bis 1744. Aber das war schon lange nach der Liebesaffäre im Hause Barckhausen.

Die Klettenbergs aber hießen bis in die siebziger Jahre des 17. Jahrhunderts hinein schlicht Seifart. Bis der nachmalige Stadtschultheiß zum Kaiserlichen Rat ernannt und in den Adelsstand erhoben wurde. Er bekam ein Wappen und durfte sich nach einem vorher erworbenen Gut von Klettenberg nennen. Im Adelsdiplom wurde hervorgehoben, daß sowohl er als auch seine Frau und seine Kinder, das Hausgesinde und all ihr fahrendes und liegendes Gut »in Kaisers und des heiligen Reiches besonderen Verspruch, Schutz, Schirm und Salva Gardia an- und aufgenommen wurden, er und die Seinen sich dessen erfreuen und gebrauchen, auch in Kriegs-, Empörungs- und anderen Zeiten, falls es die Not erfordere, ihrem Gefallen und Belieben nach den kaiserlichen Schutz und Schirm an ihren Häusern, Höfen und Wohnungen anschlagen und hernach mit gebührender Reverenz wiederum abnehmen möchten«.

Dies alles konnte den reichen Bartholomäus von Barckhausen nicht bewegen, den werbenden jungen Seifart von Klettenberg anzuhören. Die Tochter Rebecca mußte dem Vater versprechen, von ihrem Geliebten zu lassen. Doch die Liebe war stärker. Es gab Gelegenheiten genug, sich zu treffen: auf der Straße, im Stadtwald, bei gesellschaftlichen Veranstaltungen und bei befreundeten Familien. Das junge Paar wurde sich einig, daß es heimlich heiraten werde.

Die Familie des Bräutigams besaß vor dem Affentor in Sachsenhausen einen Gutshof. Gestützt auf den kaiserlichen Freibrief erklärte der junge von Klettenberg, der Hof sei der Jurisdiktion der Freien Reichsstadt entzogen. Freilich hätte man keinen Frankfurter Pfarrer gefunden, der gegen den Willen des Vaters Barckhausen bereit gewesen wäre, das junge Paar zu trauen. Ein älterer Pfarrer aus Eschborn erklärte sich schließlich dazu bereit.

Am 6. November 1705 ließ der Bräutigam die Vorbereitungen zur Hochzeit treffen. Der Geistliche wurde mit einer Mietskutsche abgeholt, zwei Freunde waren Trauzeugen. Seifart von Klettenberg holte die Braut ab, die tiefverschleiert und in aller Heimlichkeit mit ihm fuhr.

Während der Zeremonie fragte der Pfarrer, ob denn die Braut die Einwilligung ihrer Eltern habe. Rebecca von Barckhausen erklärte darauf, sie habe die Einwilligung nicht zu erlangen vermocht. Der Vater würde vielleicht dazu zu gewinnen sein, nicht aber die Stiefmutter, die den Vater immer gegen sie beeinflußt habe. Sie sei bereits 27 Jahre und kenne sehr wohl das Gebot, daß man Vater und Mutter ehren solle. Sie habe aber nun doch schon die Kinderschuhe ausgezogen und wisse ebensogut, daß die Bibel schon den Vätern geboten habe, den Töchtern Männer und den Söhnen Weiber zu geben. Wenn sie daher sündige, so sündige ihr Vater noch mehr. Sie könne ohne Mann nicht leben und wolle den Klettenberg zum Mann haben. Selbst wenn er ein Bettler wäre.

Als die junge Frau ihren Eltern die Heirat offenbarte, war der Vater empört und setzte zu rechtlichen Schritten an. In einer Ratssitzung, bei welcher der

Schultheiß nicht anwesend war, trug er vor, der junge Klettenberg habe seine Tochter entführen wollen. Weil ihm dies nicht gelungen sei, habe er sie heimlich geheiratet. Nach der Strafordnung vom 1. Februar 1700 sei eine ohne elterliche Einwilligung geschlossene Ehe ungültig, nichtig und strafbar.

Bartholomäus von Barckhausen vertrat die Ansicht, der ganze Prozeß gehöre nicht vor den Rat, sondern vor ein Schöffengericht. Die Ratssyndici erstellten ein Rechtsgutachten, in dem sie die gegenteilige Ansicht vertraten. Der Rat beschloß, den beiderseitigen Hausarrest der Eheleute fortzusetzen. Den Partnern wurde Verhaftung angedroht, wenn sie ihre Wohnungen verlassen würden. Der junge Klettenberg wurde vernommen, seine Bediensteten sogar mit einer Militär-Eskorte zur Vernehmung gebracht. Der Schultheiß von Klettenberg richtete eine Note an Barckhausen, in der er sich über das Verfahren beschwerte, das für Eheleute unwürdig sei. In Frankfurt seien schon ganz andere Dinge geschehen, die man übergangen und gewiß nicht mit Haft belegt habe. Der Schultheiß bot eine Kaution an, doch alle Beschwerden blieben fruchtlos.

Am 10. Juni 1706 – der Rechtsstreit dauerte schon einige Monate – zeigte der junge Seifart von Klettenberg an, daß seine Frau ein Kind erwarte. Er beschwerte sich wieder einmal über die unerhörte Behandlung, die seiner Frau und ihm zuteil werde. Herr von Barckhausen empfand es dagegen als unerhört, daß eine Entführung nicht bestraft werden sollte. Er blieb auch unnachgiebig, als Tochter und Schwiegersohn ihn wissen ließen, daß sie sich bereit erklären, den Vater kniefällig um Verzeihung zu bitten. Über ein Problem freilich schweigt die Chronik: Wie konnte die junge Frau schwanger werden, wo doch die Ehegatten an verschiedenen Orten unter strengem Hausarrest standen?

Im August 1706 hob der Rat den Hausarrest endlich auf. Der Name Klettenberg aber sollte einige Jahre später zu literarischem Ruhm kommen. Susanne Katharina von Klettenberg war eine Freundin von Goethes Mutter. Zusammen mit ihr pflegte sie den Dichter, als er 1768 krank aus Leipzig kam. Die fromme Dame lebte nach den Lehren des Pietismus. In Goethes Roman »Wilhelm Meisters Lehrjahre« ist sie die »Schöne Seele«.

Kaiser Karl VI. sollte im Spanischen Erbfolgekrieg »Opfer« des
Zuckerbäckers aus Frankfurt werden. Später hat er ihn begnadigt.

Ein Zuckerbäcker will die Welt verändern

Als im Jahr 1700 in Madrid der spanische König Karl II. starb, war ein Zuckerbäcker namens Jakob Freidhoff Offizier der Bürgerwehr in Frankfurt. Spanien war zwar ungeheuer weit entfernt, aber die Kunde vom Streit um die Nachfolge des Königs drang auch bis an den Main. Der nachfolgende Spanische Erbfolgekrieg breitete sich in Europa aus. So wurde bereits 1702 in Frankfurt durch Trommelschlag der Krieg gegen Frankreich verkündet, 1704 besiegte der englische Feldherr Marlborough die Franzosen bei Höchstädt an der Donau. Als er wenig später nach Frankfurt kam, wurde er gebührend gefeiert. Im Jahr 1707 kam das französische Heer in die Nähe der Stadt. General Villars forderte eine Million Franken vom Rat, doch dieser lehnte ab, bestärkt durch Anwesenheit hessischer und pfälzischer Truppen in Frankfurt.

Im Spanischen Erbfolgekrieg ging es darum, wer König werden sollte, nachdem Karl II. kinderlos gestorben war. Philipp von Bourbon, ein Enkel Ludwigs XIV., erhob Anspruch auf den Thron und zog auch am 18. Februar 1701 in Madrid ein. Der deutsche Kaiser Leopold I. pochte auf die langjährige Herrschaft der Habsburger im Königreich Spanien und wollte seinen Sohn Karl auf dem Thron sehen. Er fand im Erbfolgekrieg England und Holland, dann auch Portugal als Bündnispartner.

Der Zuckerbäcker Freidhoff in Frankfurt aber wollte seinen Nutzen aus der Weltpolitik ziehen. Er gedachte, den Franzosen ein Angebot zu machen: Gegen Zahlung eines hohen Betrags werde er den habsburgischen Thronfolger Karl oder auch den Kaiser selbst mit Gift umbringen. Zu einem Mord am Thronprätendenten Joseph sei er auch bereit. Außerdem sei es ihm möglich, mit Hilfe der Stadtoffiziere den heranziehenden Franzosen die Tore Frankfurts zu öffnen.

Jakob Freidhoff war ein sehr ehrgeiziger Mann. Sein Offiziersposten in der Bürgerwehr reichte ihm nicht aus, er wollte höher hinaus. Für das politische Wirken hatte er sein ganzes Vermögen ausgegeben und war völlig verschuldet. Mit seiner wahnwitzigen Idee wollte er an Geld kommen – aber ermorden wollte er keinen Menschen, schon gar nicht den Kaiser. Im Gegenteil: In seinem Schreibtisch hinterlegte er ein Schreiben, in dem er sein wahres Vorhaben enthüllte, die Franzosen als seine Erbfeinde bezeichnete und seine unverbrüchliche Treue und Anhänglichkeit zur Kaiserlichen Majestät beteuerte. Hier der Wortlaut:

»Kund und zu wissen sei hiermit, daß ich Endunterschriebener heute benanntem dato dem 1. Februar anno 1701 dieses geschrieben auf einen Dienstag vormittag, als den Tag zuvor, nämlich am Montag, die Pflichtschul in der Reichskron allhier gehalten worden und Kerwaagen sein Hund ist erschlagen worden von Fuhrleuten, hiermit zu bezeugen, daß ich damals geschrieben, was mein eigentliches Vorhaben ist gewesen, und mir zu meiner Entschuldigung diene, wann ich etwa dermaleinst sollte in Haft kommen von wegen meines Unterfangens und mir mein Leben kosten würde, wenn ich mir im Ernst vorgenommen hätte zu tun, drum habe ich dieses zuvor geschrieben.«

Im Jahr 1707 fand der Bürgeroffizier tatsächlich einen Franzosen, der sein Anerbieten weiterleitete. Er wurde nach Homburg in der Pfalz gebeten. Höhere Offiziere hörten sich seine Pläne an. Die Franzosen hielten es aber auch für möglich, daß er ein Spion sein könne. Sie brachten den Frankfurter Zuckerbäcker nach Metz und hielten ihn dort fest. Er wurde gut behandelt, bekam ein Kostgeld und konnte sich erlauben, sich gut bewirten zu lassen. Denn die französischen Militärbehörden wollten sich die Möglichkeit offenhalten, ihn für ein Unternehmen, wie er es vorgeschlagen hatte, zu verwenden.

In Frankfurt saßen derweilen die Ehefrau und die Tochter des Jakob Freidhoff und wußten nicht weiter. Die Frau wandte sich an angesehene Leute. Der schwedische Resident Björckmann von Adlerflycht, der seit 1692 in der Stadt lebte, setzte sich für sie ein und erfuhr von französischer Seite, daß Freidhoff der Spionage verdächtig sei, aber nicht wegen dieses Verdachtes, sondern wegen einer anderen wichtigen Sache festgehalten werde. Durch den Beichtvater der Frau erhielt auch der Rat Kenntnis von der ganzen Sache. Es gab eine Hausdurchsuchung, das Schreiben mit den eigentlichen Absichten wurde gefunden und beschlagnahmt. Über Frau und Tochter wurde Hausarrest verhängt, Soldaten bewachten das Haus. Der Kaiser erhielt einen Bericht. Der Fall wurde als Verbrechen wider Kaiser und Reich gewertet, war somit der Jurisdiktion der Stadt entzogen und an den Reichshofrat verwiesen.

Ein etwas obskurer Mittelsmann tauchte in Frankfurt auf und erzählte dem Rat, Freidhoff habe ihm während eines Besuches erklärt, er werde die Stadt Frankfurt den Franzosen übergeben. Dies sei gar nicht so schwierig, da er mit den Bürgeroffizieren im Bunde sei. Diese würden jeden Tag die Schlüssel zu den Stadttoren entgegennehmen. Und die ganze Bürgerschaft stehe auf der Seite der Bürgeroffiziere. Der Rat stattete den Mittelsmann mit Geldmitteln aus und schickte ihn nach Metz, um weitere Erkundungen einzuziehen. Der Mann verschwand, ward nicht in Metz gesehen und tauchte nie mehr auf.

Im Juli 1711, vier Jahre nach seiner Festnahme also, ließen die Franzosen den Frankfurter Zuckerbäcker Jakob Freidhoff laufen. Die Frau richtete ein Gesuch an den Rat, in dem sie um Verzeihung für ihren Mann und Erlaubnis zu seiner Rückkehr bat. Nur aus Verzweiflung habe er gehandelt. Das Gesuch wurde abgelehnt. Schließlich kam Freidhoff doch in Frankfurt an, wurde verhaftet und ins Hospital gebracht, da er leidend war. Er war nicht nur körperlich sehr angegriffen, hatte wohl auch seinen Verstand verloren. Er durfte nach Hause, wurde aber unter Bewachung gehalten.

Am 20. Februar 1715 erging endlich das Urteil vom Reichshofrat in Wien. Freidhoff wurde zum Majestätsverbrecher erklärt. Er solle, den anderen zum abschreckenden Beispiel, auf einen öffentlichen Platz gestellt werden, das Manuskript solle vom Scharfrichter verbrannt werden. Sodann solle Freidhoff in leiblicher Haft bleiben.

Als Jakob Freidhoff auf dem Römerberg am Pranger stand, wußte er gewiß nichts vom Frieden in Utrecht, der 1713 den Spanischen Erbfolgekrieg beendet hatte. Der Bourbone Philipp V. blieb König von Spanien und behielt auch die Kolonien. Der Habsburger, der als Karl III. eine Zeitlang über Katalonien, Aragon, Valencia, Cartagena und Alicante geherrscht hatte, war nach dem Tod seines Bruders Joseph I. in Frankfurt als Karl VI. zum deutschen Kaiser gewählt und gekrönt worden. Als ihm ein Prinz geboren wurde, da wurde mit vielen anderen auch Jakob Freidhoff begnadigt. Der Kaiser wußte sicher nichts davon, daß dieser Zuckerbäcker aus Frankfurt sich einst als sein künftiger Mörder aufgespielt hatte.

Die Familie Goethe, von Johann Conrad Meerkatz in
Schäferkostümen gemalt. Im Hintergrund Johann Wolfgang mit
Schwester Cornelia.

Gretchen und Pylades: der »Fall Goethe«

I ndessen wurde ich auf völlig unerwartete Weise in Verhältnisse verwickelt, die mich ganz nahe an große Gefahr und wenigstens für eine Zeitlang in Verlegenheit und Not brachten. Mein früheres gutes Verhältnis zu jenem Knaben, den ich Pylades genannt, hatte sich bis ins Jünglingsalter fortgesetzt . . .«

Johann Wolfgang von Goethe schrieb es in seinem Erinnerungsbuch »Dichtung und Wahrheit«, das er als Sechzigjähriger im Jahr 1809 begann. Er hatte den Freund nicht vergessen, den er »Pylades«, nach dem Gefährten des Orest in der griechischen Sage, nannte. Es war im Jahr 1764, als Kaiser Joseph II. in Frankfurt gekrönt wurde. Der Knabe Johann Wolfgang war noch nicht ganz 15 Jahre alt. Doch bei einem ernsthaften Verhör war von nichts Geringerem als nachgemachten Handschriften, falschen Testamenten und solchen Dingen die Rede. Ein »Fall Goethe« wurde nicht daraus, aber der geringfügige Verdacht hatte den Jüngling hart getroffen.

Freund Pylades führte Goethe damals in eine Gesellschaft von jungen Menschen ein. Hier lernte er auch Gretchen kennen, ein Mädchen, das etwas älter war als er und in das er sich Hals über Kopf verliebte. Genauer betrachtet, hatte es ihm gar keinen Anlaß dazu gegeben. Doch in »Dichtung und Wahrheit« erinnerte sich der Dichter sehr lebhaft an den Jugendschwarm: »Das liebe Mädchen zu sehen und neben ihr zu sein, war nun bald eine unerläßliche Bedingung meines Wesens . . .«

Bei einer der vielen Lustpartien, die diese Clique unternahm, wurde Goethe ein junger Mann vorgestellt, der sich über das innere Stadtwesen, über Ämter und Stellen gut informiert zeigte. Da beim Rat gerade eine Stelle frei war, bat er Goethe, er möge sich bei seinem Großvater, dem Stadtschultheißen Johann Wolfgang Textor, für ihn verwenden. Der Enkel tat es zögernd, der Großvater sagte nur: »Wenn er Verdienst und sonst ein gutes Zeugnis hat, so will ich ihm um seinet- und deinetwillen günstig sein.« Diese Empfehlung war das ganze Verbrechen, dessen sich der Jüngling schuldig gemacht hatte.

In »Dichtung und Wahrheit« schrieb Goethe schließlich einen außerordentlich lebhaften und pakkenden Augenzeugenbericht über die Krönungsfeierlichkeiten in Frankfurt. Am Abend danach küßte ihn Gretchen zum ersten und zum letzten Mal auf die Stirn. Er sollte sie nie wiedersehen. Am nächsten Morgen schon holte ihn die leidige Geschichte wieder ein: »Den andern Morgen lag ich noch im Bette, als meine Mutter ängstlich und verstört hereintrat. ›Steh auf‹, sagte sie, ›und mache dich auf etwas Unangenehmes gefaßt. Es ist herausgekommen, daß du sehr schlechte Gesellschaft besuchst und dich in die gefährlichsten und schlimmsten Händel verwickelt hast. Der Vater ist außer sich.‹«

Vater Johann Caspar Goethe hatte den Rat Johann Kaspar Schneider beauftragt, den Jungen ins Gebet zu nehmen. In seinen Erinnerungen schilderte Goethe ein Verhör, das er nicht vergessen konnte. Dies habe der Rat Schneider gesagt: »Es tut mir herzlich leid, daß ich in solcher Angelegenheit zu Ihnen komme. Ich hätte nicht gedacht, daß Sie sich so weit verirren können. Aber was tut nicht schlechte Gesellschaft und böses Beispiel. Und so kann ein junger unerfahrener Mensch Schritt vor Schritt bis zum Verbrechen geführt werden.« Der junge Mann sagte darauf: »Ich bin mir keines Verbrechens bewußt, so wenig als schlechte Gesellschaft besucht zu haben.« Der Rat dazu: »Es ist jetzt nicht von einer Verteidigung die Rede, sondern von einer Untersuchung. Und Ihrerseits von einem aufrichtigen Bekenntnis.« Der Rat nahm den Jungen in ein inquisitorisches Verhör, dem er einfach nicht gewachsen war. In »Dichtung und Wahrheit« steht es so: »Nun stellte ich mir die guten Vettern, und Gretchen besonders, recht lebhaft vor; ich sah sie gefangen, verhört, gestraft, geschmäht, und mir fuhr es wie ein Blitz durch die Seele, daß die Vettern denn doch, ob sie gleich gegen mich alle Rechtlichkeit beachtet, sich in so böse Händel eingelassen haben.«

Schließlich entschloß sich Goethe zu einer Art Geständnis: »Ich erzählte nun dem Freunde den ganzen Hergang der Sache, anfangs ruhig und gefaßt; doch je mehr ich die Personen, Gegenstände, Begebenheiten ins Gedächtnis rief und vergegenwärtigte, und so manche unschuldige Freude, so manchen heiteren Genuß gleichsam vor ein Kriminalgericht deponieren sollte, desto mehr wuchs die schmerzliche Empfindung, daß ich zuletzt in Tränen ausbrach und mich meiner unbändigen Leidenschaft überließ.« Es gab noch ein paar heftige Szenen, schließlich gebot der Rat Schneider dem jungen Goethe, auf seinem Zimmer zu bleiben. Es war eine Art Hausarrest.

Johann Wolfgang wollte allein bleiben. In »Dichtung und Wahrheit« schrieb er: ». . . auch den Antrag meines Vaters, daß ich mit ihm ausgehen und die Reichsinsignien, welche man nunmehr den Neugierigen vorzeigte, beschauen sollte, lehnte ich hartnäckig ab und versicherte, daß ich weder von der Welt noch von dem Heiligen Römischen Reiche etwas weiter wissen wollte, bis mir bekanntgeworden, wie jener verdrießliche Handel für meine armen Bekannten ausgegangen.« Ein Hofmeister, der Goethe gelegentlich besuchte, erzählte, daß sich einige junge Leute von Stande zu einer kleinen Verschwörung verleiten ließen, zu der sich gewissenlose Menschen gesellten, die durch Verfälschung von Papieren, Nachbildung von Unterschriften manches Strafwürdige begangen und noch Strafwürdigeres vorbereitet hätten.

Gretchen aber, so wußte der Hofmeister zu berichten, habe sehr wohl bestanden und ein herrliches Zeugnis davon getragen. Über ihre Beziehung zu Johann Wolfgang Goethe aber hatte sie den Examinatoren gesagt: »Ich kann es nicht leugnen, daß ich ihn gern und oft gesehen habe; aber ich habe ihn immer als ein Kind betrachtet, und meine Beziehung zu ihm war wahrhaft schwesterlich.« Goethe war zutiefst gekränkt: »Ich fand es schrecklich, daß ich um eines Mädchens willen Schlaf und Ruhe und Gesundheit aufgeopfert hatte, die sich darin gefiel, mich als einen

Säugling zu betrachten und sich höchst ammenhaft gegen mich zu dünken . . .«

Über die gerichtlichen Folgen dieser Betrugsaffäre sind keinerlei Akten erhalten geblieben. Herbert Heckmann und Walter Michel, die sich in ihrem Goethe-Buch »Diese lebhafte sinnliche Welt« mit dem Fall befassen, vermuten, daß die Akten vernichtet wurden, um die leidige Sache aus der Welt zu schaffen.

Die Hauptwache um 1750. Vom Erkerzimmer aus konnte Johann Erasmus Senckenberg das Treiben auf dem Platz beobachten.

Der Gefangene in der Hauptwache weiß zuviel

Vierzehn Delikte wurden dem Johann Erasmus Senckenberg, Senator und Ratsherr zu Frankfurt, in der Anklageschrift aus dem Jahr 1769 vorgeworfen: Notzucht, Verletzung der territorialen Gerichtsbarkeit, Hochmut, willkürliches Festhalten eines Menschen, Urkundenfälschung, Prevarication – das ist der gleichzeitige Rechtsbeistand zweier sich streitender Parteien –, Majestätsbeleidigung, Verleumdung im höchsten Maße, Mordversuch, Aufruhr, Erpressung, Diebstahl, Veruntreuung öffentlicher Gelder, Betrug. Für den »Schandfleck des Vaterlandes«, so hieß es, sei kein anderes Mittel als sein Tod, der dem Vaterland Ruhe und Frieden vor ihm und vor anderen seinesgleichen verschaffen könnte.

Die Ratsherren in Frankfurt sperrten ihren Kollegen erst einmal ein. Als er am 28. Februar 1769 zum Verhör in den Römer geladen wurde, dort nach alter Gewohnheit die Vorwürfe des Rates mit Gegenangriffen erwiderte, wurde er abgeführt und in der Hauptwache im südwestlichen Eckzimmer des Obergeschosses als Staatshäftling eingesperrt. Johann Erasmus Senckenberg war damals 52 Jahre alt. Der Rat von Frankfurt ließ ihn bis zu seinem Tode 1795 in der Hauptwache sitzen. Das waren 26 Jahre Haft. Ein Prozeß fand nie statt. Historiker erklären heute, die Ratsherren hätten sehr bewußt öffentliche Verhandlungen verhindert. Der Senator wußte zuviel über sie.

Johann Erasmus Senckenberg war ein Wunderkind. Er war der jüngste der Senckenbergs, deren Name dank der Stiftungen des Bruders Johann Christian in Frankfurt eine gewisse Unsterblichkeit erlangte. Johann Erasmus wurde 1717 geboren, war zehn Jahre jünger als Johann Christian. Bereits als Fünfzehnjähriger begann er mit seinem Jurastudium in Göttingen, wo sein ältester Bruder Heinrich Christian als Jurist und bald als Professor tätig war. Dieser Bruder wurde 1745 als kaiserlicher und königlicher Hofrat nach Wien berufen und 1751 geadelt. Er hat dem jungen Erasmus aus mancher Schwierigkeit in Frankfurt geholfen. Die Verhaftung 1769 hatte er nicht verhindern können. Ein Jahr vorher war er gestorben.

Als zwanzigjähriger Rechtsanwalt kehrte Johann Erasmus nach Frankfurt zurück und stand bald in dem Ruf, ein hervorragender Jurist und Kenner der Stadtgeschichte zu sein. Die Mitglieder der vornehmsten Familien strömten zu dem jungen Anwalt, der ihre Rechtsstreitigkeiten mit großer Sachkenntnis und bedeutendem Geschick vertrat. Und so kam es auch, daß die Patrizier der Gesellschaften Alten Limpurg und Frauenstein Senckenberg Einblick in ihre Archive verschafften, was sie später bereuen sollten. Er fertigte Abschriften an und ließ Originale verschwinden.

Der Stadtarchivar Georg Ludwig Kriegk, der im 19. Jahrhundert eine Biographie Senckenbergs verfaßte, wußte Frankfurt – eine Stadt von damals rund 30 000 Einwohnern – als reines Sündenbabel zu schildern. Vor allem die Mitglieder der gehobenen Gesellschaftsklassen seien geizig, habgierig, egoistisch, herrschsüchtig und dem sinnlichen Genusse frönend gewesen. Senckenberg aber hatte die Geheimnisse derselben durchschaut, und diese seien zum Teil so beschaffen gewesen, daß die Herren den Mitwisser schonen mußten, damit er sie nicht in Wien verrate und ihnen dadurch verderblich werde.

Johann Erasmus Senckenberg war noch keine dreißig Jahre, als er 1746 in den Rat der Stadt aufgenommen wurde. Der Patrizier Friedrich Maximilian von Lersner war sein Fürsprecher. Ein Mann, der einmal sagte, man müsse Spitzbuben mit Spitzbuben fangen. Bis zum 10. September 1761 hatte er seinen Platz in der zweiten Bank, obwohl es schon eine Reihe heftiger Anklagen gegen ihn gab, gegen die er stets mit der ihm eigenen rabulistischen Art protestierte. Chroniken berichten, er habe es im Verleumden ebenso zur Meisterschaft gebracht wie im Gebrauche der allergemeinsten Schimpfwörter.

Dann kam die Sache mit der Köchin. Der Frankfurter Arzt August de Bary, der zwischen 1937 und 1947 ein Buch über Johann Christian Senckenberg schrieb und darin dessen Bruder als einen Menschen bezeichnete, der als Erbteil von seiner Mutter eine schwere Geisteskrankheit mitbekommen habe, schildert die Sache so: »Dem Trunke ergeben, verlor er im Rausch gänzlich die Herrschaft über sich. In einem solchen Zustand nötigte er mit der Pistole in der Hand seine Köchin, ein achtbares Mädchen aus einer verarmten Landpfarrersfamilie, ihm zu Willen zu sein.« Als das Mädchen ein Kind bekam, erklärte Senckenberg, sein Schreiber sei der Vater, und verdächtigte zugleich den Mann des Diebstahls und die junge Mutter Katharina Agricola samt ihrem Bruder des Mordversuchs an ihm selbst. Senckenberg verfaßte schließlich ein Verhörprotokoll in seinem Sinne, das er der jungen Frau unterschieben wollte. Der Senator hatte sich zum mindesten der Urkundenfälschung schuldig gemacht.

Johann Erasmus Senckenberg hörte nicht auf, aus dem reichen Schatz seines Wissens Skandalöses über das Leben von Ratsherren der Öffentlichkeit preiszugeben. Als 1753 Voltaire auf Geheiß des preußischen Friedrich II. in Frankfurt festgehalten wurde, machte sich Senckenberg zu seinem Anwalt. Sechs Jahre darauf soll er die Hand im Spiel gehabt haben, als die Franzosen die Stadt Frankfurt besetzten und vier Jahre blieben. Als eine kaiserliche Kommission erschien, um sich mit dem unredlichen Geschäft der Münzverfälschung beim Frankfurter Rat zu befassen, war wohl auch dieser Senckenberg der Initiator.

Der Rat der Stadt erinnerte sich schließlich an die Affäre Katharina Agricola und suspendierte ihn 1761 von seinem Sitz im Römer. Acht Jahre später nahm man ihn in Haft. Der Reichshofrat übernahm die Untersuchung, eine Kommission wurde eingesetzt, die den Fall Senckenberg auf Kosten des Rates der Stadt untersuchen sollte. Nach sechs Jahren löste sie sich auf. Ein Urteil gab es nicht. Und so blieb Johann Erasmus Senckenberg in seiner Zelle. Es half ihm nichts, daß er Dutzende von Beschwerdeschriften einreichte. Er erklärte, der Rat bestehe nur aus Flegeln und dummen Jungen. Er benehme sich den Bürgern gegenüber wie ein holländischer Plantagenbesitzer gegen seine Neger.

Bei der Krönung Leopolds II. im Jahr 1790 warf der Gefangene Pamphlete gegen den Magistrat aus dem Fenster seiner Stube im Oberstock der Hauptwache. Damals war sein Bruder Johann Christian, der auf der Baustelle des von ihm gegründeten Bürgerhospitals abgestürzt war, schon 18 Jahre tot. Als Johann Erasmus Senckenberg am 21. Juni 1795 als 78jähriger starb, ließ der Rat sein Sterbezimmer sofort militärisch besetzten. Damit keine Aufzeichnungen an die Öffentlichkeit kamen.

Der Turm an der Katharinenkirche war bis zu ihrer Hinrichtung
das Gefängnis der Susanna Margaretha Brandt.

»Bin noch so jung und soll schon sterben«

Wer hat dir, Henker, diese Macht
über mich gegeben?
Du holst mich schon um Mitternacht!
Erbarme dich und laß mich leben!
Ists morgen früh nicht zeitig genung?
Bin ich doch noch so jung, so jung!
Und soll schon sterben!«

In der letzten Szene des »Faust«, erster Teil, beschwört Johann Wolfgang von Goethe die Empfindungen eines jungen Menschenkindes in den Stunden vor seinem Tod. »Im Kerker« heißt die Szene, und dem Dichter mag das Gefängnis im alten Turm der Katharinenkirche vorgeschwebt haben, in dem die Kindsmörderin Susanna Margaretha Brandt in der Nacht zum 14. Januar 1772 auf die Stunde ihrer Hinrichtung wartete. Der Turm stand am Ausgang des Hirschgrabens, nur 200 Meter von Goethes Elternhaus entfernt. Jeder Weg zur Zeil, zum Kirchgang, zum Besuch von Verwandten und Bekannten führte unter dem Kerker hindurch.

Goethe hielt sich damals in seiner Heimatstadt auf. Er hatte seine Studien in Straßburg abgeschlossen und arbeitete als Anwalt. Zur Zeit des Geschehens war er 22 Jahre alt. Mit dem Prozeß kam er auf mancherlei Weise in Berührung: Die zwei Ärzte, die Susanna Margaretha Brandt behandelten, waren Hausärzte bei Textors und Goethes. Der Onkel des Dichters, Johann Jost Textor, gehörte als Senator dem Gericht an. Johann Georg Schlosser, der später der Schwager Goethes wurde, erledigte die Schriftsachen des Henkers. Im übrigen hatte der junge Jurist sich in seiner Prüfung mit der Frage nach Strafen für Kindsmörderinnen befaßt.

Susanna Margaretha Brandt – sie wurde Susanne gerufen – war Tochter eines Frankfurter Gefreiten. Eine Schwester war mit einem Tambour verheiratet, ein Bruder Sergeant. Susanna Margaretha war 24 Jahre alt und im großen Gasthof »Zum Einhorn« in der Klostergasse beschäftigt, als sie 1771 bei den Nachbarn ins Gerede kam. Sie wäre die erste nicht, sagte ihr die Schwester, und sie werde auch nicht die letzte sein. Sie riet der Unglücklichen zu gestehen, daß sie schwanger sei.

Das Mädchen war gewiß die erste nicht. Kindstötungen, Aussetzungen, auch Abtreibungen füllen seitenweise die Frankfurter Kriminalakten, die als »Criminalia« im Stadtarchiv zu einem großen Teil erhalten sind. Auch die Prozeßakte Brandt ist hier aufbewahrt. Sie ist 335 Seiten stark. Selbst die Schere, mit der die junge Magd ihr Kind getötet haben soll, ist da aufbewahrt. Im Prozeß wurde allerdings ermittelt, daß das Kind erwürgt worden war.

Meist waren es Mädchen aus kleinbürgerlichen Kreisen, die aus Scham und Angst sich der Hoffnung hingaben, sie könnten ihre Schwangerschaft verheimlichen, das Kind unbemerkt zur Welt bringen und dann beseitigen. Am 1. August 1771 gebar Susanna Margaretha Brandt in der Waschküche des Gasthauses »Zum Einhorn« einen Knaben und tötete ihn gleich darauf. Der Verteidiger Schaaf versuchte später nachzuweisen, daß das Kind bereits tot zur Welt gekommen oder durch den Fall auf den Steinboden getötet worden sei. Das Gericht wies diese Version zurück.

Am 2. August war die junge Frau aus der Stadt verschwunden. Die Geschwister hatten ihr Zeit zur Flucht gelassen und erst am späten Nachmittag Anzeige erstattet. Sie wollten nicht in die Sache hineingezogen werden. Die »Kindsmörderin« war mit ganz wenig Geld zunächst nach Höchst geflohen, hatte sich dort dem Mainzer Marktschiff nachrudern lassen und in Mainz ihre Ohrringe verkauft. Das Geld reichte gerade für eine Übernachtung. Am anderen Morgen kehrte sie – mittellos, unerfahren und von der Geburt geschwächt – nach Frankfurt zurück. Schon bei der Ankunft am Bockenheimer Tor wurde sie erkannt. Man suchte sie bereits steckbrieflich. Sie wurde zunächst zur Hauptwache, dann in ein Hospital gebracht, weil ihr Gesundheitszustand erbärmlich war. Ein Vierteljahr lang war dann der Turm an der Katharinenpforte ihr Gefängnis.

Die Verhöre im Römer dauerten von Montag, 8., bis Freitag, 12. Oktober. Der Goethe-Forscher Ernst Beutler (1885–1960), der sich mit wissenschaftlicher Sorgfalt den Beziehungen zwischen dem »Fall Susanna Margaretha Brandt« und der Gretchentragödie im »Faust« gewidmet hat, notierte: »Das Mädchen bezeichnete als Vater des Kindes einen holländischen Goldschmiedegesellen, der nach Rußland weitergereist sei. Den Namen wisse sie nicht, so habe sie auch später sich nicht an ihn wenden können, zumal sie des Schreibens unkundig sei. Der Fremde habe sie durch ein Mittel, das er ihr in den Wein getan, in seine Gewalt gebracht. Das übrige sei das Werk des Teufels gewesen. Denn der Satan sei gar nicht mehr von ihr gewichen, er habe sie zum Selbstmord treiben wollen, worüber sie ein Schauer überfallen und sie ein Zittern am ganzen Leib verspürt habe. Der Satan habe ihr auch schließlich die Tat, die sie bitter bereue, eingegeben.«

Dies war das Urteil: »Zu peinlicher Untersuchungssache wider Susanna Margarethen Brandtin, erkennen wir Bürgermeister und Rath der kayßerlichen freyen Reichsstadt Frankfurt am Mayn, auf vorgängige umständliche Forschung und Untersuchung der Sache geführte Verteidigung, vorgelegte rechtliche Syndicatsbedenken und sorgfältige Erwägung aller Umstände vor Recht, daß gedachte Brandtin des an ihrem lebendig zur Welt gebrachten Kinde, nach eigener wiederholter Bekundnis vorsätzlich und boshafter Weise verübten Mordes halber, nach Vorschrift der göttlichen und weltlichen Gesetze, und zwar ihrer zur wohlverdienten Strafe und anderen zum abscheulichen Exempel mit dem Schwerdt vom Leben zum Todt zu bringen und dieses Urteil fordersamt zu vollbringen seye. Geschlossen bei rath dienstag den 7. januar 1772.«

Bei der Verkündung des Urteils fiel Susanna Margaretha in Ohnmacht. Bei der Ablehnung eines Gnadengesuches bewahrte sie eine erstaunliche Haltung.

Sie bat um ein weißes Kleid für den Tag des Todes und nochmalige Gewährung des Abendmahls. Und sie wünschte, man möge ihre Kleidung verkaufen und mit dem Erlös eine noch offene Schusterrechnung begleichen.

Am frühen Morgen des 14. Januar 1772 wurde das Schafott neben dem Brunnen an der Hauptwache aufgerichtet. Um fünf Uhr morgens ließ der Senat die Wachen verdoppeln. Die Stadttore wurden verschlossen, und die Wachhabenden hatten Anweisung, nur vornehme Schaulustige einzulassen. Um sechs Uhr erschien der Stadtschreiber, der oberste Richter in seiner besonderen Robe und der Scharfrichter mit seinen Söhnen im Katharinenturm. Der älteste Sohn sollte mit dieser Hinrichtung sein Meisterstück machen. Der oberste Richter brach nach Verlesung des Urteils einen kleinen roten Stab und warf ihn der Verurteilten vor die Füße.

Zum Henkersmahl trafen sich nach altem Brauch die Geistlichen, die Richter und Scharfrichter. Dies wurde aufgetischt: Eine Schüssel gute Gerstensuppe. Eine Schüssel Blaukraut. Eine Schüssel Bratwürste von drei Pfund. Sechs Pfund gebackene Karpfen. Zwölf Pfund gespickter Rindsbraten. Eine Schüssel Konfekt. Dreißig Milchbrote. Achteinhalb Maß 1748er Wein. Susanna Margaretha Brandt nahm an der Mahlzeit nicht teil. Sie bat nur um ein Glas Wasser.

Um neun Uhr erklang zum ersten Mal das Armesünderglöcklein. Die Delinquentin wurde mit Stricken umwunden und unter fortwährendem Singen und

Beten über den Liebfrauenberg, dann über die Mainbrücke nach Sachsenhausen bis zum Aschaffenburger und Neuen Tor und zurückgeführt. Um zehn Uhr war man am Schafott angekommen. Dann wurde der Delinquentin »durch einen Streich der Kopf glücklich abgesetzt«.

Im ungehobelten Sarg wurde der Leichnam auf dem Schinderkarren zum Gutleutfriedhof gefahren. Unterwegs hielten die Henkersknechte immer wieder an und öffneten den Sarg, weil Neugierige Kopf und Körper der Hingerichteten sehen wollten.

Als Frankfurt ein Großherzogtum war

Im 19. Jahrhundert veränderte sich die Welt. Frankfurt bekam im Laufe von hundert Jahren ein völlig anderes Gesicht. Die Bevölkerung, die zwischen 1600 und 1800 von 19000 Einwohnern auf deren 40000 angewachsen war, war im Jahr 1900 eine stattliche Großstadt von fast 300 000 Einwohnern geworden. Die Zahlen allein besagen, daß sich die gesellschaftlichen und politischen Verhältnisse total verändert haben müssen. Aus der idyllischen Freien Reichsstadt war über viele Umwege eine preußische Industrie- und Handelsstadt geworden. Die Aufgabe, Recht und Ordnung in einem solchen Gemeinwesen aufrechtzuerhalten, erforderten immer wieder neue Anstrengungen. Denn das 19. Jahrhundert war voller Unruhe.

Zum Verständnis der folgenden Kapitel kann ein kurzer Streifzug durch ein Jahrhundert Frankfurter Geschichte nützlich sein. Die technische Revolution begann mit der Erfindung der Dampfmaschine. Im Jahr 1825 gründete der Bankier und Staatsrat Simon Moritz von Bethmann eine Dampfschiffahrts-Gesellschaft, die den regelmäßigen Verkehr auf Rhein und Main aufnahm. Zwischen Nürnberg und Fürth fuhr 1835 die erste Eisenbahn auf deutschem Boden, 1839 wurde bereits die Strecke der Taunusbahn zwischen Frankfurt, Höchst und Wiesbaden in Betrieb genommen. Gegen Ende des Jahrhunderts fuhren Autos

In malerischen Uniformen. Frankfurter Gendarmerie zu Beginn des 19. Jahrhunderts.

durch die Stadt. 1900 wurde in Frankfurt eine Automobil-Ausstellung ausgerichtet. Und der Polizeibericht meldete: »Auf der Zeil stieß eine elektrische Straßenbahn mit einem Automobil zusammen.«

Die politischen Veränderungen in ganz Europa hatten in Frankfurt ihre Höhepunkte. Die Folgen der Französischen Revolution bestimmten in der ersten Hälfte des Jahrhunderts auf vielerlei Weise das Geschehen in der Stadt. 1806 wurde sie erst einmal Hauptstadt eines Großherzogtums von Napoleons Gnaden. 1814 ging auch hier des Franzosenkaisers Stern unter. Frankfurt wurde Freie Stadt im Deutschen Bund, dessen »Bundestag« im Palais Thurn und Taxis in der Großen Eschenheimer Straße tagte. Die Anwesenheit der Vertreter deutscher Fürsten weckte Opposition, der Ruf nach mehr Freiheit verstummte nie. Es gab Widerstand. Höhepunkte waren der Wachensturm von 1833 und die Barrikadenkämpfe 1848. Im gleichen Jahr trat die erste deutsche Nationalversammlung zusammen. Sie konnte ihre Ziele nicht durchsetzen. Im Jahr 1866 kamen die Preußen. Die Gründerzeit folgte, die rasante Entwicklung zur modernen Großstadt begann.

Karl von Dalberg, der ohne Zutun der Frankfurter im Jahr 1806 plötzlich ihr Großherzog wurde, entpuppte sich sehr bald als fortschrittlicher und politisch geschickt taktierender Mann. Dalberg war zugleich Erzbischof und Kurfürst von Mainz und stand als Fürstenprimas an der Spitze des Rheinbundes. Er führte einige Veränderungen herbei. Ihm dankt man den Anlagenring, der anstelle des überflüssig gewordenen Festungswalls angelegt wurde, die Industrie- und Handelskammer entstand unter seiner Obhut, und schließlich schuf er zum ersten Mal eine richtige Frankfurter Polizei. Bis dahin hatte das Polizeiwesen eine mittelalterliche Struktur.

Frankfurt war vor dem Interregnum des Fürsten Dalberg zwischen 1806 und 1814 schon fünfmal von den Franzosen besetzt gewesen. Es gab viel Unruhe in der Stadt. Streithändel zwischen Frankfurtern und Franzosen sind in den »Criminalia« in großer Zahl aufgezeichnet. Einmal gingen ein Buchhändler und ein französischer Graf aufeinander los, gelegentlich wurden die französischen Wachen an den Stadttoren überfallen.

Streithändel gab es allenthalben. Sie führen die Liste in den Kriminalakten an. So verzeichnen sie an einem Pfingstmittwoch – der »Bernemer Mittwoch« war nach dem Wäldchestag der vierte Pfingstfeiertag – eine Schlägerei zwischen Schuhknechten und Bäckerknechten in Bornheim, während derer ein aus Hannover gebürtiger Schuhknecht erschlagen und die drei Bäckerknechte in Inquisition genommen wurden. Von einem Fall in der Weißadlergasse wird berichtet, wo ein Schauspieler von einem Unbekannten in »meuchelmörderischer Weise« verwundet wurde.

Räuberbanden machten um die Jahrhundertwende die nähere und weitere Umgebung von Frankfurt unsicher. Johann Bückler, genannt »Schinderhannes«, hatte bei der Landbevölkerung einen legendären Ruf, der freilich eher ins »finstere Mittelalter« gepaßt hätte als an die Schwelle des Jahrhunderts der industriellen

Revolution. Seine letzte Reise trat er von Frankfurt aus an. Auf dem Markt zu Wolfertshausen bei Limburg wurde er festgenommen. Er bot ohne Erlaubnis Waren an. Schinderhannes erklärte, er wolle sich bei den kaiserlichen Truppen anwerben lassen. Freilich nannte er einen falschen Namen. Ein Werbekommando brachte ihn nach Frankfurt, wo man ihn erkannte. Er wurde am 16. Juni 1802 mit seinen Genossen an die Kriminalorgane der Französischen Republik in Mainz ausgeliefert und dort hingerichtet.

Die neue Polizeiordnung im Großherzogtum Frankfurt wurde nach französischem Vorbild organisiert. Nach dem Sturz Napoleons und damit dem Ende der französischen Vorherrschaft in Frankfurt fiel auch das Polizeiwesen wieder in den alten Zustand zurück. Erst mit der preußischen Besetzung 1866 wurde wieder eine Polizei als eigenständige Organisation mit einem Polizeipräsidenten eingeführt. Zu Napoleons Zeiten aber gab es eine Oberpolizeidirektion, die für die Aufrechterhaltung der öffentlichen Sicherheit und Ordnung verantwortlich war. Interessant ist in diesem Zusammenhang, daß diese Behörde ihr besonderes Augenmerk auf die Fremden in der Stadt richtete. Allein im Jahr 1812 wurden 292 Personen wegen fehlender Ausweispapiere festgenommen, 122 Anzeigen wurden gegen Gastwirte wegen Beherbergung von Fremden ohne Anmeldung erstattet.

Hier die Liste der Straftaten, wie sie die Oberpolizeidirektion im Jahr 1812 registrierte: 607 Fälle des einfachen Diebstahls und Feldfrevels, 146mal ver-

heimlichte uneheliche Schwangerschaft und Nieder-
kunft, 54 Anzeigen wegen Konkubinats, 215 wegen
unsittlichen Lebenswandels, 814 Streitigkeiten und
Schlägereien, 93 Verstöße gegen das Verbot des
Glücksspiels.

Die stille Liebe der Annett Stoltze

D as Gasthaus Zum Rewestock stand in kaaner ganz besonnere Gnad bei unsere allerhöchste republikanische Herrschafte, un mei Vatter sei Name stand mit rother Tinte un hinne un vorne blau Notabbene im schwarze Bollezeibuch. Des Gasthaus Zum Rewestock war aa von de Hauptkneipe der damalige Frankforter Demagoge . . .«

Friedrich Stoltze – Poet, Politiker und Patriot – erzählt dies in seinem Erinnerungsbuch »Der rote Schornsteinfeger«. In diesem Milieu wuchsen in den zwanziger Jahren des 19. Jahrhunderts Annett und Friedrich, die Kinder des Gasthalters Christian Friedrich Stoltze, heran. Es waren Zeiten des politischen Aufbruchs in ganz Europa. Demagogen, die sich gegen die Obrigkeit verschworen haben, gab es überall.

Stoltzes Schwester Annett, die drei Jahre älter war als er, führte mit den Gästen des Hauses häufig politische Gespräche, sie begeisterte sich für den Freiheitskampf der Polen, der 1832 Tagesgespräch war, sie wurde zur glühenden Republikanerin. Friedrich Stoltze: »Also die Annett war e Republickanerin un konnt gar net begreife, daß in ere Republick wie Frankfort net auch alle Frankforter for e deutsch Republick wärn . . . Es blieb err vor de Hand nix iwwerig, als ihrn hoffnungsvolle Bruder Fritz in ihre Grundsätz zu erziehe.« Beim Wachensturm 1833 und einem weiteren Versuch der Gefangenenbefreiung 1834 geriet sie in Konflikt mit der Obrigkeit.

Das Huldigungsblatt für Annett Stoltze vermischt Allegorien und Frankfurter Wirklichkeit. Die junge Frau ist einmal von einer Gloriole umgeben, einmal sitzt sie hinter Gittern. Am Fuß ein Porträt von Friedrich Stoltze.

Seit der Juli-Revolution 1830 in Frankreich gärte es allenthalben in Europa. Auch in Frankfurt kam es immer wieder zu Unruhen, Verschwörer fanden sich hinter verschlossenen Türen, Bürger besorgten sich heimlich Waffen. In der Hauptwache und Konstablerwache saßen vornehmlich politische Gefangene. Die Wohnung des Dr. Bunsen in der Münzgasse war der Ausgangspunkt der Verschwörung, die im »Wachensturm« ihren Höhepunkt fand.

Am Abend des 3. April 1833 geschah dies: »Schlag halb zehn Uhr wird die Hauptwache von einer Schar Bewaffneter angegriffen, die sich in der Wohnung von Dr. Bunsen gesammelt hatten. Auf das Kommando: Fällt das Gewehr! stürzen sich die mit schwarzrotgoldenen Binden versehenen Angreifer auf die Wachtposten, überwältigen sie und befreien Funck und Freyeisen. Mit dem Ruf ›Es lebe die Freiheit und Gleichheit! Revolution!‹ erstürmt ein anderer Trupp die Konstablerwache. Mittlerweile hat sich das Linienmilitär am Roßmarkt zum Gegenangriff bereitgestellt. Die Rebellen lassen zwei Schwerverwundete auf dem Kampfplatz zurück, den meisten gelingt die Flucht.« (Aus der Frankfurt-Chronik)

Annett Stoltze, die schon 1831 und 1832 Kontakte mit den Gefangenen aufgenommen hatte, schien von dem Plan gewußt zu haben. Ein Kriminalgefangener der Konstablerwache sagte gegen sie aus: »Die Stoltze machte gegen das Gefängnis des Rottenstein – eines politischen Gefangenen – ein Zeichen dergestalt, daß sie beide Hände mit ausgespreizten Fingern in die Höhe hob, dann mit der einen Hand eine Bewegung

nach dem Fenster und dann nach der Straße machte.«
Die ermittelnden Behörden nahmen an, daß die junge
Frau den Wachensturm auf diese Weise angekündigt
habe.

Nach dem gescheiterten Unternehmen bereiteten
die Männer um Dr. Bunsen eine Verschwörung vor
mit der Absicht, die »Aprilgefangenen« zu befreien.
Annett Stoltze, damals zwanzigjährig, war dabei. Sie
vermittelte den gefangenen Studenten die ersten Ver-
bindungen zur Außenwelt. Ein engerer Briefkontakt
entwickelte sich zwischen ihr und dem Heidelberger
Burschenschafter Heinrich Eimer aus Lahr. Eine
zarte Liebesbeziehung wurde daraus, ohne daß sich
die Liebenden sehen konnten.

Als Heinrich Eimer längst Arzt in Freiburg war,
schrieb er in seinen Erinnerungen an die Gefangen-
schaft: »Die Frau des mitinhaftierten Frankfurter
Bürgersmannes Rottenstein brachte ihrem Mann täglich Bier und mittags Kaffee. Er teilte redlich mit mir.
Die blecherne Kaffeekanne hatte einen doppelten Boden, und derart wurden Papier, Bleistift usw. einge-
schmuggelt, und ich bekam Korrespondenz mit außen, insbesondere mit einem Fräulein Stoltze, die ich
nie gesehen . . .«

Ein Gefängniswärter entdeckte den geheimen
Briefwechsel und dazu eine Uhrfedersäge, die in
einen Kirschkuchen eingebacken war. Die beiden Beteiligten leugneten, mit der Sache etwas zu tun zu haben. Als Annett durch die Aussage des Gefängniswär-
tes in die Enge getrieben wurde, erzählte sie diese
Geschichte: »Obwohl ich mich bisher mehrfach für

den Studiosus Eimer interessiert habe, so kenne ich denselben noch nicht, sondern wir haben von der Mutter des Studenten den Auftrag erhalten, für denselben so viel wie möglich zu sorgen. Daher hat Eimer Bier von uns erhalten, zuweilen Lebensmittel. Am Samstag mittag begegnete mir am Fahrtor der Lithograph Kreischer, der mich fragte, ob ich keinen der verhafteten Studenten kenne. Ich sagte, daß ich keinen außer Eimer kenne. Kreischer sagte, er wolle mir morgen ein Stück Kuchen für den Eimer schicken. Ein kleines Mädchen brachte am anderen Morgen ein Stück Kirschenkuchen, das ich an den Studiosus Eimer geschickt habe.« Da Annett Stoltze erklärte, sie wisse nicht, wie Kreischer mit dem Vornamen heiße und wo er wohne, wurde nach dem Mann gefahndet. Vergeblich wohl deshalb, weil es ihn gar nicht gab.

Am 2. Mai 1834 wurde noch einmal versucht, fünf Gefangene aus der Konstablerwache zu befreien. Auch Eimer war dabei. Doch er kam, als er sich am Fenstergitter herabließ, zu Fall und brach ein Bein. Am 19. November 1834 stand auch Annett Stoltze vor Gericht. Wegen Beihilfe zu den Fluchtversuchen Eimers wurde sie zu vier Wochen Arrest verurteilt. Die junge Frau konnte die Strafe zunächst nicht antreten, weil sie sehr geschwächt war. Kurz vor der Verurteilung war der Vater gestorben. Im August und September 1835 mußte Annett Stoltze ihre Strafe im Rententurm absitzen.

Am 17. November 1840 starb Annett Stoltze nach längerer Krankheit. Sie stand im 27. Lebensjahr. Der junge Dichter Friedrich Stoltze schrieb:

»Herz meiner Seele! Du bist tot!
Hüll sie in deinen Purpur, Morgenrot,
Und lege sie dem Frühling in den Schoß.
Ach, er wird weinen, denn er zog sie groß.«

Das Urteil gegen den toten Schneider-meister

Am 21. Juni 1836 erschien im Amtsblatt der Freien Reichsstadt Frankfurt am Main eine Bekanntmachung, die als typisches Beispiel für das Amtsdeutsch jener Zeit gelten mag. Es handelte sich um die »in der Wohnung des hiesigen Schneidermeisters Joachim Christian Lichtwerk vorgefallene Ermordung der Frau und zwei Kindern und des Schneidermeisters Lichtwerk selbst«. Die amtliche Bekanntmachung besteht in ihrer ganzen Länge aus einem einzigen, verschachtelten Satz. Sie besagt dies:

Nach den Verhören unverdächtiger Zeugen, schriftlichen Aussagen naher Anverwandter und vorgefundenen Briefen bestehe kein Zweifel daran, daß der Schneidermeister seine Frau, seine Töchter von drei und anderthalb Jahren und hierauf sich selbst mittels eines Rasiermessers mit Vorbedacht getötet habe. »Wiewohl im Einverständnis mit seiner Ehefrau«, so heißt es da, »welche er aber jedenfalls eines Besseren hätte belehren können . . .« Was erschwerend hinzukam: Mit der Tötung der schwangeren Ehefrau habe er mutmaßlich den Tod der fast ausgetragenen Leibesfrucht der Frau verursacht. Das Kind war trotz der angewandten ärztlichen Bemühungen nicht mehr zu retten.

Wörtlich heißt es weiter: ». . . daß er zu dieser gottlosen und schauderhaften Tat zwar, seiner eigenen Angabe nach, durch Nahrungsmangel, tatsächlich

Die Straßen der Altstadt nördlich der Schnurgasse – die Kornblumengasse gehörte dazu – waren im 19. Jahrhundert hauptsächlich Wohnstätten armer Leute. In einer der Wohnungen tötete Schneidermeister Lichtwerk seine Familie und sich selbst.

aber durch seine schlechte Besinnung verleitet worden, indem ihm auch die Verkündigung seiner damals gefällten polizeigerichtlichen Straferkenntnissen wegen von ihm begangener Betrügereien bevorstand.« Und weiter: »So wird Schneidermeister Lichtwerk in Anbetracht des erwiesenermaßen von ihm begangenen mehrfachen Mordes, nachdem die Leichen seiner Frau und Kinder bereits in aller Stille beerdigt wurden, eines ehrlichen Begräbnisses für unwürdig erklärt, daß vielmehr dessen Leichnam durch die Knechte des Scharfrichters im Karren nach dem Schindanger zu bringen und daselbst durch deren Hände zu begraben sei.«

Die Bekanntmachung, gedruckt und verbreitet im Amtsblatt der Stadt, mag davon zeugen, wie noch gegen Mitte des 19. Jahrhunderts mittelalterliches Denken bei manchen Ämtern herrschte. Der Mörder wird, nachdem er sich selbst umgebracht hat, offiziell zum Tode verurteilt. Mehr noch: Die Verweigerung eines ehrlichen Begräbnisses, also ohne Geistlichkeit, bedeutete auf weltliche Weise die Verurteilung zur ewigen Verdammnis. Mildernde Umstände für diese »gottlose und schauderhafte Tat« wurden nicht akzeptiert. Für seine Richter war Lichtwerk ein Massenmörder, der kein Pardon verdiente.

Johann Christian Lichtwerk stammte aus dem Mecklenburgischen, war wohl als Handwerksgeselle in Frankfurt geblieben, hatte hier seine Frau Anna Christina kennengelernt, die verwitwet war und eine Tochter aus erster Ehe hatte. Lichtwerk hatte vor der Tat den Schwager gebeten, das Kind bei sich aufzunehmen. Als die Tat geschah, war es in der Schule. Die beiden eigenen Töchterchen hießen Anna Sophie Gertrude und Anna Christina. Der Schneidermeister hatte seine Werkstatt in der Kornblumengasse. Das Geschäft war vom Niedergang bedroht.

In den Kriminalakten jener Zeit, die im Frankfurter Stadtarchiv aufbewahrt werden, ist eine große Anzahl von Originalbriefen bewahrt, die Lichtwerk geschrieben oder auch erhalten hat. Aus ihnen wird deutlich, daß er die Tat sorgfältig vorbereitet hatte. »Da ich nun am Schlusse meines Lebens geendet bin, finde ich mich genötigt, manches zu bemerken . . .« Er beklagt den Niedergang des Geschäftes und der Familie. Eine Wohnung habe er schon aufgeben müssen, für die andere sei er seit vier Monaten die Miete schuldig. Und: »Es ist nicht zu bezweifeln, daß es ein schwerer Kampf ist, liebenswürdige Kinder auf eine solche Art aus der Welt zu schaffen. Aber der Jammer ist noch größer, sie zu haben und nichts zum Leben für sie.«

Nur von Lumpen und Spitzbuben sei er umgeben, heißt es in einem anderen Brief. Keiner habe seine Schneiderrechnungen bezahlt, er sei von allen Seiten betrogen worden. Wegen Betrugs aber hatte den Schneider ein Tuchhändler angezeigt. Lichtwerk habe im Namen angeblicher Auftraggeber Tuch abgeholt. Später habe sich herausgestellt, daß die genannten Herren gar kein Tuch bestellt hatten. Eine Verurteilung stand, wie es in der Bekanntmachung hieß, unmittelbar bevor.

Verwandte zeigten eines Tages an, die Wohnung des Lichtwerk sei verschlossen. Die Tür wurde ge-

waltsam geöffnet. In der Wohnstube lagen vier Leichen auf dem Fußboden. Alle vier hatten den Hals
durchgeschnitten, der Boden war reichlich mit Blut
bedeckt. Der Leichnam des Mannes hatte ein blutiges
Rasiermesser in der Hand. Der Mann war 34 Jahre
alt.

Die Ermordung von Lichnowsky und Auerswald. Nach einer
zeitgenössischen Lithographie.

Die Hintergründe im Fall
Lichnowsky–Auerswald

Das Entsetzlichste von allem aber war das Ende von Lichnowsky und Auerswald. Sie waren zusammen nach der Pfingstweide geritten und dort von einem wilden Haufen meuchlings angefallen worden! Der arme Auerswald gab unter Mißhandlungen und Sensenhieben den Geist bald auf. Er hinterläßt sechs unversorgte Kinder! Lichnowsky flüchtete sich in den Garten eines nahe gelegenen Hauses. Er wurde entdeckt, entkleidet, geschleift, mit Sensen ihm das Fleisch von den Knochen gehauen; dann banden sie ihn an einen Baum und schossen auf ihn.«

Clotilde Koch-Gontard, in deren Salon sich 1848 die führenden Köpfe der Nationalversammlung zu treffen pflegten, schrieb es in ihr Tagebuch am 19. September 1848. Die Dame der vornehmsten Frankfurter Gesellschaft hatte von Anbeginn lebhaften Anteil an der Entwicklung jener Versammlung in der Paulskirche, in die alle liberalen und freiheitlichen Kräfte ihre Hoffnung auf ein neues geeintes Deutschland setzten.

Der Volksaufstand am 17. und 18. September 1848, bei dem die Abgeordneten der Rechten, Hans Adolf Erdmann von Auerswald und Felix Fürst Lichnowsky, den Tod fanden, war der Anfang vom Ende des genau vier Monate vorher begonnenen Versuchs, Deutschland eine demokratische Verfassung zu geben. Anlaß der neuerlichen Unruhen in der Bevölkerung war der preußisch-dänische Waffenstillstand von Malmö, den eine Mehrheit der Nationalversammlung nachträglich billigte. Die republikanische Linke sah darin einen Verrat. Sie mobilisierte ihre Anhänger zu Kundgebungen. Immerhin versammelten sich am 17. September, einem Sonntag, 3000 bis 4000 Menschen auf der Pfingstweide, jenem Gelände, auf dem sich heute der Zoologische Garten befindet. Viele hatten Knüppel mitgebracht, die Stimmung war auf Gewalt ausgerichtet. Am 18. September sollte sich eine bewaffnete Volksversammlung auf dem Roßmarkt bilden. Preußische und österreichische Truppen waren alarmiert.

Der Philosoph Arthur Schopenhauer, der damals am Mainufer wohnte, gab über den Barrikadenkampf an jenem 18. September vor Gericht seine Beobachtungen zu Protokoll: »Ungefähr um halb ein Uhr sah ich aus meinem Fenster einen großen, mit Mistgabeln, Stangen und einigen Gewehren bewaffneten Pöbelhaufen, dem eine rote Fahne vorangetragen wurde, von Sachsenhausen her über die Brücke ziehen, dem eine Abteilung des hiesigen Linienmilitärs voranmarschierte. Das Militär stellte sich vor meinen Fenstern auf und wurde von allen Seiten, namentlich von der Seite nach dem Main hin, umgeben. Der Volkshaufe schrie recht durcheinander, doch habe ich keinen einzelnen bestimmten Ruf verstanden, auch niemanden von dem Haufen erkannt.«

Vom damals kurhessischen Dorf Ginnheim aus betrachtet, sah die Sache ganz anders aus. In den Dörfern nördlich und westlich von Frankfurt hatten sich Bürgerwehren gebildet, die bedingungslos den Weisungen der republikanischen Linken folgten. In Ginnheim hieß der Wortführer Daniel Georg, auch »der Berliner« genannt. Der Schuhmacher stammte tatsächlich aus der preußischen Hauptstadt und war wohl auch entsprechend wortgewandt. Franz Lerner beschreibt in seiner Broschüre »Ginnheim von der Vorzeit bis zur Gegenwart« den Marsch des Daniel Georg und der Seinen nach Frankfurt. Er war mit viel Alkohol verbunden. Fast könnte man die Ermordung der beiden Abgeordneten der Rechten als das Ende einer »Sauftour« bezeichnen.

Der »Berliner« und seine Anhänger hatten schon am Abend vorher nach der Heimkehr von der Pfingstweide kräftig gezecht. Am nächsten Morgen um fünf Uhr ließ Daniel Georg, der Feldwebel bei der Bürgerwehr war, Alarm blasen. Zunächst aber zog man ins Gasthaus »Löwen«, um sich Mut und Begeisterung anzutrinken. Die Kolonne zog nach Bockenheim, wo man sich mit der dortigen Bürgerwehr vereinigte. Zunächst natürlich im Wirtshaus. Als sie gegen Mittag in die Innenstadt ziehen wollten, waren dort schon die heftigsten Barrikadenkämpfe zwischen bewaffneten Aufständischen und Militär aus Preußen und Österreich zugange. Die Kolonne aus Bockenheim und Ginnheim änderte ihr Ziel und strebte zur Pfingstweide. Unterwegs kamen ihnen zwei Reiter entgegen: General von Auerswald und Fürst Lichnowsky.

Die Männer der Bürgerwehr erkannten den Fürsten Lichnowsky sofort. Der 34jährige preußische

Offizier galt als Repräsentant der äußersten Rechten. Von Auerswald war preußischer General, 56 Jahre alt und konservativ. Er galt als besonnener Mann. Die beiden Abgeordneten waren ausgeritten, um nach der hessisch-darmstädtischen Artillerie Ausschau zu halten, die von Friedberg her anrücken sollte.

Nach Berichten von den Ereignissen des Tages hatten die beiden Reiter die Gefahr erkannt und flüchteten. Die Verfolger fanden sie im Landhaus des Kunstgärtners Schmidt. In der »Leipziger Illustrierten« von 1848 schilderte der Frankfurter Korrespondent die Ereignisse so: »Man erbrach die Türen, und Auerswald, dessen Arm durch einen bedeutenden Steinwurf verletzt war, ward zuerst gefunden, die Treppen hinuntergestoßen und, kaum zur Hintertür des Gartens hinausgezogen, mit Gewehrkolben und Stößen nebst einigen Schüssen auf Kopf und Brust am Rand eines Wiesengrabens getötet.«

Der Korrespondent berichtete weiter: »Eine Kugel durchbohrte Lichnowskys Unterleib, eine zweite streifte seine Schläfe, während Säbelhiebe ihm die Hände und Arme zerhackten. Schon beim zweiten Schuß fiel Lichnowsky. Die Wut des Haufens machte sich in langsamen Verletzungen und Qualen, die sie dem Beklagenswerten anzutun bemüht waren, Luft . . .« Die Schilderung entspricht nicht ganz den Aufzeichnungen von Clotilde Koch-Gontard. Doch in der Aufregung wird man sich vielerlei erzählt haben.

Auch im Ginnheimer Gasthaus »Zum Löwen«, wo sich der »Berliner« Daniel Georg in stark angetrunkenem Zustand seiner Taten rühmte. Am nächsten Morgen kam das böse Erwachen. Daniel Georg konnte zwar zunächst nach Frankreich fliehen, wurde aber in Paris verhaftet. Derweilen wurde in Frankfurt bei Untersuchungen und Zeugenvernehmungen immer wieder der »Berliner« als einer der Hauptschuldigen bezeichnet. Daniel Georg konnte mit anderen Häftlingen aus dem französischen Gefängnis fliehen, stellte sich schließlich aber doch den Behörden. Die Preußen lieferten ihn an Kurhessen aus.

Vom Schwurgericht in Hanau wurde Daniel Georg am 27. April 1850 zu zwanzig Jahren Eisenstrafe zweiter Klasse und Verlust der bürgerlichen Ehrenrechte verurteilt. Er wies eine Amnestie, die ihm zuteil werden sollte, ab. Nach Verbüßung der Strafe kehrte er nach Ginnheim zurück. Seine Frau hatte auf ihn gewartet, seine beiden Kinder waren erwachsen.

Die Gemeinde Ginnheim aber stellte den aus dem Kerker Heimgekehrten als Polizeidiener ein. Man sagt, der »Berliner« habe bis zu seinem Tode sein Amt mit Würde und Anstand versehen, habe für Recht und Ordnung gesorgt und sei eine Respektsperson gewesen.

Der große Bleichgarten zwischen Allerheiligenstraße und Breite Gasse war der Festplatz, auf dem die Frankfurter am 21. April 1873 den »Nickelchestag« feierten. Hier begann der »Bierkrawall«, der schließlich zwanzig Todesopfer forderte.

Aus dem Ruf nach »Batzebier« wird blutiger Ernst

M er wolle Batzebier!« Wer den Ruf am 21. April 1873 als erster ausgestoßen hat, wußte nachher keiner mehr. Auf dem Festplatz an der Bleichwiese war er zu hören und löste einen »Bierkrawall« aus, der am Ende nur noch als »Bierkrieg« bezeichnet werden konnte. Zwanzig Tote wurden gezählt, die Anzahl der Verletzten wurde gar nicht erst ermittelt. Im Schnellgerichtsverfahren vor dem Frankfurter Schwurgericht wurden 35 Männer zu Zuchthaus-, 22 zu Gefängnisstrafen verurteilt. Als Hauprädelsführer wurden ein Tapezierer aus Oberrad und ein Schreiner aus Heppenheim zu je vier Jahren Zuchthaus verurteilt. Oberrad war damals noch ein Gärtnerdorf südlich des Mains, Heppenheim liegt fernab an der Bergstraße. Wieder einmal waren die Rädelsführer eines Krawalls in der Stadt keine Frankfurter. Gerüchte gingen um, die »Revolte« sei bestellt gewesen.

Es war »Nickelchestag«, der Montag, mit dem die Frühjahrsmesse beendet wurde. Viele Betriebe gaben ihren Beschäftigten frei. Das Volk strömte auf die Bleichwiese, die Gastwirte waren gerüstet auf ein großes Fest, das mit dem bunten Treiben beim Wäldchestag zu vergleichen ist. Wie stets bei solchen Anlässen wurde viel Bier getrunken, der Alkoholpegel stieg, mit ihm nicht nur die Fröhlichkeit. Ärger machte sich Luft.

Der Ärger schwelte schon seit dem 1. April, als die Wirte den Preis für das Volksgetränk Bier erhöht hatten. Hatte das Bier bis dahin einen Batzen, das waren vier Kreuzer, gekostet, so mußten die Menschen jetzt einen halben Kreuzer mehr bezahlen. Einen überzeugenden Grund für die Bierpreiserhöhung konnten die Frankfurter nicht erkennen. Für die Arbeiter, die sich in immer größerer Zahl in der Stadt ansiedelten – die Bevölkerung war innerhalb von zwanzig Jahren von 58 000 auf fast 100 000 Personen angewachsen –, ging sie ganz empfindlich an den Geldbeutel. Unruhen hatte es auch schon in Mannheim und Stuttgart gegeben. Es lag also schon etwas in der Luft. Die Frankfurter Polizei war in Alarmbereitschaft. Sie bestand aus sechs Kommissaren, fünf Wachtmeistern und 53 Schutzleuten, konnte aber im Notfall Militär zu Hilfe holen. Seit sieben Jahren war Frankfurt preußisch.

Bis vier Uhr am Nachmittag des Nickelchestages herrschte fröhliches Treiben auf dem Festplatz. Als sich zunächst fünfzig Bürger zusammenrotteten, sah es immer noch nach einer Bierlaune aus, als es hundert waren, wirkte der Haufen schon aggressiver. Aber es kamen immer mehr hinzu. Einer trug eine Fahne aus rotem Vorhangstoff, der Schlachtruf »Mer wolle Batzebier!« nahm kein Ende. Sie zogen in die Innenstadt. In der Lindheimerschen Wirtschaft an der Großen Friedberger Straße gab es das erste Kleinholz. Dann kamen der Götz in der Heiligkreuzgasse, die Steinsche Brauerei in der Allerheiligenstraße, der Gräf am Allerheiligentor, der Dörr in der Schüppengasse dran. Immer mehr Menschen schlossen sich dem Zug an, der immer rasender wurde.

Rund 30 Brauereien gab es damals in der Stadt. Vierzig Jahre zuvor wurde noch in 287 »Werkstätten« Bier gebraut. Die Brauerei Reutlinger in der Großen Gallusgasse zählte zur Zeit des Bierkrawalls zu den großen und modernen Betrieben. Die Menge wütete hier besonders heftig, trat die Hoftore ein, schlug mit Eisenstangen die Fensterläden entzwei, zertrümmerte alle Stühle. In der Küche strömte das Gas aus den zerschlagenen Röhren. Gasflammen schlugen schließlich empor. Zerstörungen gab es auch in den Brauereien Müller und Pless in der Fahrgasse. Nebenbei wurden ein Schuhladen und ein Kleidergeschäft geplündert. Die Wirtschaft Schneider am Kornmarkt wurde demoliert, Heyl im Wollgraben und Leschhorn am Markt. Im »Essighaus« lief alles Bier aus.

Es gab auch Widerstand. In der Brauerei Schwager in der Neuen Mainzer Straße hatten die Brauburschen Bier zum Kochen gebracht und gossen es aus Schläuchen auf die Menge. Diese bedankte sich für den Empfang mit 250 eingeworfenen Fensterscheiben. Im »Reichsapfel« in der Großen Friedberger Straße wurden die Eindringlinge mit glühenden Schürhaken empfangen, und in Sachsenhausen konnten sie gar nicht landen. Als sie in ihrer Zerstörungswut mit der Wirtschaft Schalck anfangen wollten, setzten sich kräftige Sachsenhäuser zur Wehr und jagten die Angreifer über die Mainbrücke zurück.

Die kleine Polizeimacht konnte gegen die Flut der Randalierer so gut wie nichts ausrichten. Militär kam zu Hilfe. Zunächst wurden einzelne Patrouillen eingesetzt, dann schwärmten zwei Kompanien aus, dann noch einmal vier. Sie wurden zunächst mit Steinsalven begrüßt. Die ersten Schüsse fielen. Zuerst eine Salve in die Luft, die zweite war gezielt. Noch tief in der Nacht hörte man Schüsse in der Altstadt. Ein zehnjähriger Junge erhielt einen Kopfsteckschuß, starb nach zehn Tagen. Die Toten wurden im Hospital zum Heiligen Geist aufgebahrt.

Frankfurt am Morgen nach dem Bierkrawall: Militär aus Homburg und Mainz verstärkte die Frankfurter Kompanien. Brücken, Bahnhöfe, Börse und Post waren vom Militär besetzt, die Schulen waren geschlossen, die Hotels leerten sich, Fremde flohen aus der Stadt. Und das Bier kostete wieder einen Batzen. »Wir und unsere Sache sollen nicht zum Vorwand dienen, daß in unserer Stadt Leben und Eigentum bedroht erscheinen.« Die »Frankfurter Zeitung« versuchte in einem Leitartikel, die eigentlichen Hintergründe des Aufstands zu erläutern. Doch sie blieben im dunkeln.

Beim Prozeß beriefen sich die Angeklagten auf Trunkenheit. Und die Verteidiger erklärten, Bier sei für Arbeiter ein Lebensmittel. Man habe die Preise willkürlich erhöht.

Das Gespenst der Anarchie geht um

Heute abend (13. Januar) zwischen 7½ und 8 Uhr ist der Königliche Polizei-Rath Dr. Rumpff in dem Garten seiner Behausung, Sachsenlager Nr. 5 hierselbst, meuchlerisch erstochen aufgefunden worden. Ich bitte jeden Umstand, welcher irgendwie geeignet sein könnte, auf die Spur des Thäters zu führen, mir ungesäumt mittheilen zu wollen, und sichere Demjenigen, welcher durch seine Mittheilungen zur Überführung des Thäters wesentlich beiträgt, hierdurch eine Belohnung von dreitausend Mark zu.« So stand es, unterzeichnet vom Polizeipräsidenten von Hergenhahn, im Amtsblatt für den Stadtkreis Frankfurt vom 15. Januar 1885. 3000 Mark waren in diesen Jahren der Bevölkerungsexplosion in Frankfurt für viele Leute ein Vermögen. Dennoch schien es, als sei der Mörder entwischt und nicht zu finden.

»Das waren wieder die Anarchisten«, war die erste Reaktion in der Frankfurter Bevölkerung, als die Berichte über die Mordtat in der stillen Westendstraße veröffentlicht wurden. Das Schlagwort »Anarchismus« war wie ein dunkler Schatten über Europa. Den Aufrufen des russischen Revolutionärs Michail Bakunin folgten junge Hitzköpfe, vornehmlich Arbeiter und Handwerksgesellen. Die Lehre von einer Welt ohne Herrschaft und Gesetz spukte in den Köpfen. Führende Anarchisten lebten in der freiheitlichen Schweiz. Dort könnte auch der 20jährige Julius

Ermordet: Polizeirat Dr. Rumpff.
Der Mörder: Julius Lieske.

Lieske, der schließlich wegen Mordverdachts festgenommen und vor Gericht gestellt wurde, mit diesen Leuten Kontakt aufgenommen haben. In seinem Plädoyer sagte der Staatsanwalt im Hinblick auf das Asylrecht in der Schweiz: »Rumpff ist das Opfer eines Verbrechens, das nicht nur Furcht und Schrecken hervorgerufen hat, sondern auch Erbitterung, Entrüstung und Trauer darüber, daß die Anstifter desselben unter dem Schutz des Asylrechts unerreichbar bleiben.«

Europäischen Anarchisten wurden die Attentate auf König Humbert von Italien, den französischen Präsidenten Carnot, Zar Alexander II. und Kaiserin Elisabeth von Österreich angelastet. Auf den deutschen Kaiser Wilhelm I. und sein Gefolge war am 28. September 1882 ein Sprengstoffanschlag während der Einweihung des Niederwalddenkmals geplant. Am 30. Oktober 1882 explodierte im Frankfurter Polizeipräsidium eine Ladung Dynamit, die großen Sachschaden anrichtete. Personen wurden nicht verletzt. Der Anschlag galt ohne Zweifel dem Polizeirat Dr. Rumpff, der als Leiter der Politischen Polizei den Anarchisten auf der Spur war.

Nach dem Mörder wurde in ganz Deutschland gefahndet. Am 19. Januar suchte der großherzoglich-badische Gendarm Götz die Gasthäuser in Hockenheim nach dem mutmaßlichen Mörder ab und traf in der Wirtschaft »Zum grünen Baum« den Handwerksgesellen, der eben im Begriff war, sich zu entfernen. Gefragt, woher er komme, behauptete er, er habe in Schwetzingen einen Verwandten besucht und stehe in

Karlsruhe in Arbeit. Der Gendarm fand, daß die Papiere des Mannes nicht in Ordnung seien, und forderte ihn auf, mitzukommen. Draußen vor der Tür lief der Festgenommene plötzlich in Richtung Schwetzingen davon. Er zog einen Revolver und gab mehrere Schüsse auf den Gendarmen Schütz ab. Später konnte er in einer Arbeiterunterkunft festgenommen werden. Bald kam der Verdacht auf, daß der 20jährige Schuhmachergeselle Julius Lieske – um diesen handelte es sich – etwas mit dem Mord an Polizeirat Rumpff zu tun haben könne. Er wurde nach Frankfurt gebracht.

In seinen Vernehmungen erklärte er, er sei kein Anarchist, wisse nichts von dem Mord und sei noch nie in Frankfurt gewesen. Letzteres hätte er besser nicht gesagt, das Gegenteil konnte sehr schnell bewiesen werden. Julius Lieske stammte aus der Umgebung von Berlin und war, wie damals üblich, als Handwerksgeselle durch die Lande gewandert, bei Cottbus fand er zunächst Arbeit. Er strebte weiter nach Süden – teils zu Fuß, teils mit der Bahn –, hielt sich in München auf und dann in Todtnau. Von da aus zog er in die Schweiz, wo er sich von 1882 bis zum 31. Dezember 1884 aufhielt. Am 13. Januar geschah der Mord.

In sorgfältiger Kleinarbeit hatte die Frankfurter Polizei einige Fakten über den Aufenthalt des Schuhmachers in der Stadt herausbekommen. Lieske war in der Wirtschaft Ranfft in der Alten Mainzer Gasse 46 eingekehrt und hatte sich bis zum 13. Januar dort einquartiert. In der Wirtsstube unterhielt er sich mit den Leuten, spielte Karten. Die Mitspieler wurden alle namentlich erfaßt. Gearbeitet hat er, soweit festgestellt werden konnte, nur einmal während seines Aufenthaltes. Er habe, so heißt es, als angeblicher Schreiner einem Schuhmacher beim Umzug geholfen, jedoch auf die Weise, daß die Möbel unterwegs viermal umgeladen werden mußten. Schließlich geriet der Geselle in Geldverlegenheit und versetzte seine Uhr bei dem Pfandleiher Kauz für sieben Mark.

In der »Herberge zur Heimat« in Frankfurt, so wußten Zeugen weiter zu berichten, habe Lieske Reden geführt, in denen anarchistisches Gedankengut zu erkennen war. Ein Zeuge erzählte, er selbst habe sich auch für einen Anarchisten ausgegeben in der Hoffnung, der andere werde ihm ein Bier bezahlen. Es ist aber dem Gericht nicht gelungen, den nunmehr des Mordes Angeklagten den Verkehr mit einem Anarchisten, der eine besondere Rolle spielte, nachzuweisen.

Ende Juni 1885 tagte das Schwurgericht im Leinwandhaus. Zwölf Geschworene sollten über die Schuld des 20jährigen entscheiden. In der Anklage hieß es, der Schuhmacher Julius Lieske habe durch zwei selbständige Handlungen erstens zu Frankfurt am Main am 13. Januar 1885 den Polizeirat Dr. Rumpff vorsätzlich getötet und zweitens zu Hockenheim am 29. Januar 1885 den Entschluß, einen Menschen zu töten, gezeigt. Der Angeklagte erklärte zu Beginn der Verhandlung: »Daß ich in Hockenheim gewesen und auf den Gendarm geschossen, gebe ich zu. Daß ich Polizeipräsident Rumpff ermordet haben soll, ist unwahr. Ich bin unschuldig!«

Der Staatsanwalt fragte: »Haben Sie sich nicht nach

der Wohnung von Rumpff erkundigt und auch geäußert, mit 30 Pfund Dynamit könne man das ganze Baseler Münster in die Luft sprengen. Beim Polizeipräsidium sei zu wenig Schokolade, das ist nämlich der Ausdruck für Dynamit, angewendet worden?« Der Angeklagte: »Ich habe mich nicht erkundigt und kann mich an die Äußerungen nicht erinnern.« Ein Sachverständiger erklärte, die tödlichen Stiche könnten mit einem Schustermesser ausgeführt worden sein. Auf die Frage, wo er sich die Schnittwunden an der Hand zugezogen habe, die bei seiner Festnahme deutlich zu sehen waren, erklärte Lieske, er sei in Karlsruhe auf Scherben gefallen. Vernehmungen hatten aber ergeben, daß er sich die Wunde noch am Mordabend behandeln ließ. Zeugen berichteten, sie hätten eine verdächtige Gestalt am Abend vor dem Mord gesehen, doch reichte es nicht, Lieske zu identifizieren.

In seinem Plädoyer sagte der Staatsanwalt Dr. Frehse, der Mord sei ein Akt anarchistischer Rache. Verteidiger Dr. Fester wies darauf hin, daß es sich um einen bloßen Indizienbeweis handele: »Eine Kette von Umständen, die, wie ich nachweisen werde, eine andere Beleuchtung zum Teil ertragen, zum Teil erforderlich machen.« Mit mehr als sieben Stimmen wurde die Schuldfrage von den Geschworenen bejaht. Das Urteil: Todesstrafe und vier Jahre Zuchthaus, dauernder Ehrverlust und Tragung der Kosten. Nach der Verkündung sprang der junge Angeklagte auf und rief: »Das ist das letzte Opfer, das Sie zum Tode verurteilt haben!«

Am Freitag, 3. Juli 1885, wurde der Delinquent Julius Lieske mit dem planmäßigen Schnellzug um 8.15 Uhr nach dem Zuchthaus in Wehlheiden, einem Vorort von Kassel, überführt. Dort wurde er hingerichtet. Der Hof des Klapperfeldgefängnisses in Frankfurt hatte sich für die Hinrichtung nicht als geeignet erwiesen: Die Fenster der Nachbarhäuser wiesen in den Hof.

Bruno Groß.
Friedrich Stafforst.

Auf der Zeil bei Lichtenstein

„Auf der Zeil bei Lichtenstein – brachen Groß und Stafforst ein. – Und sie nahmen einen Stein – und schlugen ihm den Schädel ein.« Kinder und Halbwüchsige sangen es auf der Straße, auch in mancher fröhlichen Bierrunde wurde das makabre Lied angestimmt. Man schrieb das Jahr 1904. Im friedlichen Frankfurt gab es wenig Ärger. Bis am trüben Vormittag des 26. Februar der Klavierhändler Hermann Lichtenstein in seinen Geschäftsräumen des Hauses Zeil 69 ermordet und beraubt wurde.

Zu Beginn dieses Jahrhunderts stand in jedem bürgerlichen Haushalt ein Klavier. Lichtenstein, der die Instrumente verkaufte und auch verlieh, galt als steinreicher Mann. Er stand im 54. Lebensjahr, hatte Frau und vier Kinder. Was aber seine Mörder nicht wußten: Als ordentlicher Geschäftsmann bewahrte er in seinem Kontor nie größere Summen Geldes auf.

Um 12.25 Uhr am Mittag hörte der Bürogehilfe Neander, der bei dem Rechtsanwalt Dr. Mettenheimer im gleichen Haus beschäftigt war, einen gurgelnden Laut. Er habe sich nichts dabei gedacht, sagte er später aus, denn einen Stock höher habe ein Zahnarzt seine Praxis. Eine halbe Stunde später betrat der Pianist Ernesto Consolo aus Lugano das Haus. Er hatte vom Frankfurter Hof aus mit Lichtenstein telefoniert und einen Termin um die Mittagszeit ausgemacht. Er fand die Tür zum Geschäft offen, auf sein Klingeln erschien niemand. Im Hausflur traf er den Bürogehilfen Neander und einen Weinhändler, der auch auf dem Weg zu Lichtenstein war. Im Treppenhaus erschien der Auslaufer Schmick, der einzige feste Angestellte in Lichtensteins Geschäft. Er kam, wie an jedem Tag um diese Zeit, von seiner Mittagspause. Consolo holte den Schutzmann Nikolaus Heinz herbei. Gemeinsam betraten die fünf Männer die Geschäftsräume.

Der Pianist aus Lugano entdeckte als erster den toten Hermann Lichtenstein im düsteren Lagerraum. Um den Hals des großen und kräftigen Mannes war ein drei Meter langes Seil gewickelt. Der Kopf war blutverschmiert, der Schädel zertrümmert. Es sah aus, als habe ein heftiger Kampf stattgefunden.

Die Mordkommission war sehr schnell zur Stelle, zwischen Katharinenkirche und dem Haus Zeil 69 versammelte sich eine große Menschenmenge, die Neuigkeit ging von Mund zu Mund: »Der Lichtenstein ist ermordet worden.« Am Abend wußte es die ganze Stadt. Die Zeitungen brachten seitenlange Berichte.

Mit großer Sorgfalt wurde der Tatort untersucht. Der Arzt Dr. Meder erklärte, daß der Tod etwa eine halbe Stunde vor dem Auffinden der Leiche eingetreten sein mußte, die Todesursache waren Schädelverletzungen, die von einem schweren scharfkantigen Gegenstand herrührten. Der Geldschrank und andere Behältnisse waren durchwühlt worden. Man fand das leere Portemonnaie des Opfers, die goldene Taschenuhr war verschwunden. Die Polizei ging davon aus, daß mehr als eine Person beteiligt sein mußte. Die Täter waren über einen Hinterausgang geflohen. Das setzte voraus, daß sie einige Ortskenntnisse besaßen.

114

Wichtigster Fund am Tatort war ein Manschetten-knopf mit eingraviertem Hufeisen. Er gehörte nicht dem Ermordeten.

Im Polizeipräsidium übernahm Kommissar Bußjä-ger den Fall. Er bediente sich der damals üblichen Er-mittlungshilfen, ging aber auch schon neue Wege. Die Methode, Fingerabdrücke abzunehmen, steckte da-mals noch in den Kinderschuhen. So nahm der Ge-richtschemiker Dr. Popp zunächst an, die blutver-schmierten Spuren auf dem Hemdkragen des Getöte-ten seien Fingerabdrücke einer Frau. Später bei der Gerichtsverhandlung hielt er einen kleinen Vortrag über die Daktyloskopie, der er eine große Zukunft in der Verbrechensbekämpfung voraussagte. Aber man sei noch nicht so weit, einwandfreie Fingerabdrücke am Tatort abzunehmen. Kriminalkommissar Bußjä-ger setzte eine damals völlig neue Fahndungsmethode durch: Er bat den Chefredakteur der Frankfurter Zei-tung, ein Foto des verdächtigen Bruno Groß zu veröf-fentlichen. Der Chefredakteur stimmte nach langem Zögern zu. Der Erfolg war verblüffend.

Nach unermüdlichen Vernehmungen von Zeugen, Nachbarn, zufälligen Beobachtern und Verdächtigen hatte sich die Fahnung schließlich auf den gelernten Metzger Bruno Groß konzentriert. Er hatte eine Zeit-lang bei einer Transportfirma gearbeitet, die auch Aufträge von Lichtenstein annahm. Groß kannte die Räumlichkeiten. Er war vorbestraft, hatte unter fal-schem Namen in der Rohrbachstraße gewohnt. Dort war er nicht mehr aufzufinden.

Es stellte sich heraus, daß Bruno Groß am Tag vor

der Tat mit einem angeblichen Gastwirt Schumann aus Offenbach bei Lichtenstein war und über den Kauf eines Klaviers verhandelt hatte. Der Händler hatte es seinem Auslaufer Schmick erzählt. Kaum aber war das Foto des Bruno Groß in der Zeitung erschienen, tauchte dieser auf dem Polizeipräsidium auf und fragte geradeheraus: »Wieso ist mein Bild in der Zeitung?« Der erfahrene Kriminalist Bußjäger nahm den Verdächtigen in die Zange, konnte auch erreichen, daß er verhaftet wurde. Groß wurde jeden Tag vernommen, doch er beharrte auf der Behauptung, er habe mit der Sache Lichtenstein nichts zu tun. Es sah so aus, als müsse man Bruno Groß wieder auf freien Fuß setzen.

Wer aber war der zweite Mann? Es mußte jener sein, der einen Manschettenknopf mit eingraviertem Hufeisen in den Räumen des Klavierhändlers Lichtenstein verloren hatte. Kommissar Bußjäger vermutete, daß der Mann etwas mit Pferden zu tun haben mußte. In einer Offenbacher Pferdehandlung stießen die Kriminalisten schließlich auf die Spur des 25jährigen Friedrich Stafforst, der dort als Kutscher und Pferdeknecht gearbeitet hatte. Nach ihm wurde schließlich in allen deutschen Städten gefahndet. Aus Leipzig kam die Nachricht, Groß und Stafforst hätten vor zwei Jahren dort gemeinsam Falschgeld hergestellt. Stafforst wurde zu einer Haftstrafe verurteilt, Groß konnte fliehen.

In Hamburg wurde nun verstärkt gefahndet, weil Stafforst längere Zeit dort gelebt hatte, bevor er nach Leipzig, Frankfurt und Offenbach kam. Die Spur war

116

richtig, doch ein seltsamer Zufall führte zur Festnahme. Am 13. März 1904 begegnete der Gesuchte auf der Hamburger Kaiser-Wilhelm-Straße zufällig einem Vermieter, dem er noch neun Mark schuldete. Der Gläubiger holte einen Schutzmann und ließ Stafforst festnehmen. Auf der Polizeiwache wurde er schnell erkannt, der Wachhabende legte ihm den Steckbrief vor. Bei der Durchsuchung seiner Taschen fanden die Beamten die Uhrkette, die in Frankfurt geraubt worden war. Er habe sie in einem Café für vier Mark gekauft, erklärte der Festgenommene. In seiner Wohnung fand man weitere Gegenstände, die bei Lichtenstein geraubt worden waren. Am Abend legte Stafforst ein Geständnis ab: »Ich habe mit Bruno zusammen den Lichtenstein umgebracht. Er hat mich regelrecht dazu gezwungen.«

Stafforst wurde nach Frankfurt gebracht. Groß war völlig ahnungslos, als er zu einer Vernehmung geführt wurde. Er blieb bei seiner Aussage, daß er von nichts wisse. Der Untersuchungsrichter sagte: »Der Zeuge Stafforst soll eintreten.« Groß erschrak, faßte sich aber schnell: »Diesen Mann kenne ich nicht.« Stafforst mußte sein Geständnis wiederholen. Groß darauf: »Davon weiß ich nichts.« Als der weinende Stafforst hinausgeführt worden war, gab auch Groß auf. Er gestand, bei der Tat dabeigewesen zu sein, doch Stafforst habe Lichtenstein erschlagen. Er selbst sei nicht damit einverstanden gewesen. Nach einem gemeinsamen Plan sollte Lichtenstein nur beraubt werden. Er habe sich bemüht, den anderen zurückzuhalten. Es sei ihm nicht gelungen.

Für die Kriminalisten war es nun nicht mehr schwer, den Tatverlauf zu ermitteln, obwohl die beiden Inhaftierten sich immer wieder gegenseitig beschuldigten. Die treibende Kraft war ohne Zweifel Bruno Groß, der auch einen Revolver besorgt hatte, mit dem Stafforst den Klavierhändler hätte erschießen sollen. Beim ersten Versuch hatte Groß tatsächlich den Komplizen als Gastwirt aus Offenbach vorgestellt. An diesem Mittag sollte Stafforst schon das ausgesuchte Opfer erschießen, doch er traute sich nicht. Am nächsten Tag waren ihm zu viele Menschen im Treppenhaus. Er gab zu bedenken, daß ein Schuß zuviel Krach mache. Die beiden entschlossen sich, Lichtenstein mit einem schweren Gewicht niederzuschlagen und dann mit einem Strick zu erdrosseln. Groß kaufte im Eisenwarengeschäft Hartmann an der Großen Sandgasse einen Zwei-Kilo-Gewichtstein, Stafforst im Seilergeschäft Fey einen Strick.

Am dritten Tag, einem Freitag, geschah der Überfall. Stafforst schlug mit dem Gewichtstein zu, der kräftige Klavierhändler wehrte sich heftig. Groß warf das Opfer zu Boden und legte ihm den Strick um den Hals. Dann schlug er mit dem Stein weiter auf den Sterbenden ein. Stafforst bewachte mit dem Revolver die Tür. An Bargeld fanden die beiden 800 Mark, Stafforst erhielt 80 Mark und die Uhr. Er setzte sich zunächst nach Köln, dann nach Hamburg ab.

Der Mordprozeß begann am 16. Mai. 66 Zeugen waren geladen. Auf den Straßen wurden Postkarten mit den Bildern von Groß und Stafforst verkauft, die Spottverse gingen von Mund zu Mund. Im Gerichts-

saal saßen vornehmlich Frauen auf den Zuhörerbän-
ken, die zum Teil Operngläser mitgebracht hatten.
Die Angeklagten versuchten auch vor Gericht, sich
gegenseitig die Hauptschuld anzulasten. Sie wurden
beide zum Tode verurteilt. Im Gefängnishof von
Preungesheim wurden die Urteile mit dem Richtbeil
vollstreckt.

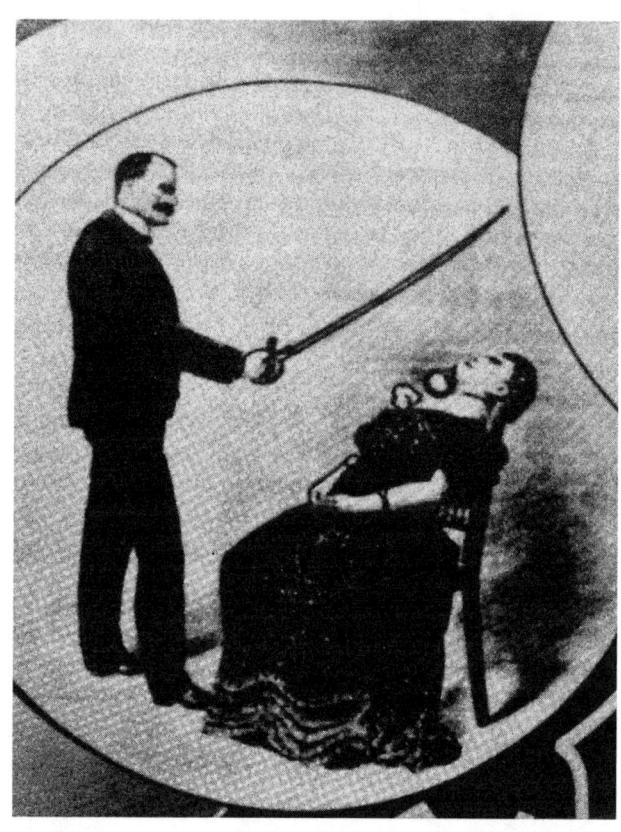

»Athos« war die Sensation im Frankfurter Schumann-Theater. Er
zerschlug den Apfel auf der Kehle seiner Partnerin. Für seine
Mordversuche bevorzugte der Fechtmeister Hopf allerdings Arsen
und Bakterien.

Die Giftküche des Fechtmeisters
Karl Hopf

Am Vormittag des 14. April 1913 wurden Passanten auf der Eschersheimer Landstraße Zeugen eines eigenartigen Vorgangs. Ein Mann, der gerade aus dem Diakonissenkrankenhaus gekommen war und in Richtung Eschenheimer Turm schlenderte, sah sich plötzlich von drei Kriminalbeamten umringt, die blitzschnell seine Arme ergriffen, sie auf den Rücken drehten und ihm Handfesseln anlegten. Eine Kutsche fuhr heran, die Beamten verschwanden mit dem gefesselten Mann im Fahrzeug, dessen Kutscher sogleich mit Peitschenknallen die Pferde antrieb. Im Nu war die Szene vorüber. Die Fahrt endete zunächst am Polizeipräsidium.

Der Festgenommene hieß Karl Hopf. Daß man ihn überrumpelte und sofort fesselte, hatte seinen besonderen Grund. Es bestand die Befürchtung, der Mann könne sofort Selbstmord begehen, wenn er seiner Straftaten verdächtigt würde. Später in der Anklage vor Gericht wurden ihm vier vollendete Giftmorde vorgeworfen. Tatsächlich trug Karl Hopf ein Fläschchen Zyankali bei sich, das er, wie er nachher gestand, sofort geleert hätte, wenn er nicht daran gehindert worden wäre.

Noch an gleichem Tag durchsuchten Kriminalbeamte die Wohnung des Karl Hopf in der Bülowstraße 13. Die Wohnstraße südlich vom Hauptbahnhof heißt heute Heidelberger Straße. Außer der Drei-

Zimmer-Wohnung hatte er noch eine Küche ange-
mietet, die ihm als Labor diente. Die Polizei fand im
Haus Gifte aller Art, Arsenik und Zyankali waren in
großen Mengen vorhanden, außerdem Reinkulturen
von Cholera- und Typhusbazillen, mit denen man,
wie später Experten erklärten, eine Seuche über die
ganze Stadt hätte bringen können. Bücher über Gift-
kunde und Giftnachweise waren eine ganze Bibliothek. Was noch gefunden wurde: eine Menge porno-
graphischer Fotos, die Hopf selbst aufgenommen
hatte, zum Teil mit Selbstauslöser.

Der erste Verdacht, daß mit dem Mann etwas nicht
stimmen könne, kam aus dem Diakonissenkrankenhaus. Der Arzt Dr. Roßmann machte sich Gedanken
über die Patientin Walli Hopf, die in bedenklichem
Zustand ins Krankenhaus gebracht worden war. Zunächst vermutete der Arzt eine infektiöse Darmer-
krankung, dann fand er, daß einige Symptome auf typische Vergiftungserscheinungen hinwiesen. Der
Arzt informierte die Polizei, erklärte aber gleich, daß
es noch einiger Untersuchungen bedürfe, wolle man
sichergehen. Später bestätigte sich der Verdacht.

Kriminalinspektor von Salomon, der den Fall übernommen hatte, erinnerte sich dunkel, den Namen
Hopf schon einmal in einem ähnlichen Zusammenhang gelesen zu haben. Er stöberte mit Hilfe von
Journalisten das Archiv der Frankfurter Zeitung
durch und wurde fündig. In einem Artikel aus dem
Jahr 1907 stand geschrieben, daß in Niederhöchstadt
ein Mann des Mordes verdächtigt wurde. Er sollte
seine Frau vergiftet haben, um in den Genuß einer ho-

hen Lebensversicherung zu kommen. Eine Nachbarin hatte ihn sogar bezichtigt, sein uneheliches und sein eheliches Kind und auch die zweite Frau auf die gleiche Weise getötet zu haben. Auch der Tod seiner Eltern sei mysteriös gewesen. Der Mann hieß Hopf. Er verklagte das Wiesbadener Tagblatt, das ausführlich über die Sache berichtet hatte. Ein Wiesbadener Schöffengericht verurteilte den Chefredakteur zu 200 Mark Geldstrafe, von denen ihm dann 100 Mark erlassen wurden.

Karl Hopf wurde am 26. März 1863 in Frankfurt geboren. Er besuchte die Musterschule, diente beim Frankfurter Traditions-Infanterie-Regiment 81 und lernte im väterlichen Geschäft den Beruf des Drogisten. Eine Tätigkeit, die ihm schon eine gewisse Grundkenntnis im Umgang mit Giften vermittelte. Dann zog es ihn in die weite Welt. Er war in England und Marokko, reiste nach Indien und kam erst nach ein paar Jahren wieder. In Wörsdorf bei Idstein gründete er eine Futtermittelfabrik, die nichts brachte. Er zog nach Niederhöchstadt und begann mit einer Hundezucht.

Im Jahr 1902 heiratete Karl Hopf seine erste Frau Josepha Henel. Sie starb noch im gleichen Jahr unter merkwürdigen Umständen. Hopf erhielt 15 000 Mark Lebensversicherung ausgezahlt. Hopf heiratete zum zweiten Mal, die Frau erkrankte ebenfalls mehrere Male an Vergiftungserscheinungen. Als das Töchterchen Elsa plötzlich starb, ließ sie sich scheiden. Sie heiratete in Frankfurt ein zweites Mal, starb aber nach kurzer Zeit.

Karl Hopf zog nach Frankfurt und wurde Fechtmeister, ein Beruf, in dem er beachtliche Erfolge erzielte. Er wurde in England Weltmeister im Fechten, betrieb in der Bülowstraße eine Fechtschule, hatte aber seine größten Erfolge im Varieté. »Athos« oder »Capitain Vernon«, wie er sich nannte, erntete im Schumann-Theater am Hauptbahnhof und in vielen anderen Varietés stets rasenden Beifall, wenn er seiner Partnerin einen Apfel auf die Kehle legte, diesen mit einem Säbelhieb in zwei glatte Hälften teilte, ohne daß am Hals der Partnerin ein Kratzer zu sehen gewesen wäre.

Hopf verdiente gut, konnte aber sein Geld offenbar nicht zusammenhalten. 1911 leistete er einen Offenbarungseid. Wenig später lernte er Walli Siewiec aus Dresden kennen. In London ließen sie sich trauen. Das war am 9. April 1912. Bald darauf schloß er eine Lebensversicherung ab, in deren Vertrag festgelegt war, daß im Falle des Todes eines Partners der Überlebende eine Versicherungssumme von 80 000 Mark erhalten sollte. Bald darauf wurde Frau Hopf krank. Ihr Mann wollte verhindern, daß sie in eine Klinik komme. Der Hausarzt überwies sie dennoch in das Diakonissenkrankenhaus. Dort behandelte sie Dr. Roßmann, der als führender Wissenschaftler auf dem Gebiet der Toxikologie, der Lehre von den Giften also, galt.

Am Tag seiner Festnahme wurde Karl Hopf im Polizeipräsidium verhört. Er leugnete zunächst, seiner Frau Gift verabreicht zu haben. Als ihm Kriminalinspektor von Salomon vorhielt, daß der Arzt einwandfrei Vergiftungserscheinungen erkannt habe, gab er klein bei. Auf eindringliche Fragen gestand er schließlich, er habe seine Frau in der Absicht geheiratet, sie zu töten. Er wollte die hohe Lebensversicherung kassieren. Er habe ihr Sekt gegeben, der Arsenik – mit Lavendel vermischt – enthielt. Das gleiche habe er später noch einmal gemixt. Als der Arzt eine Opiumtinktur verschrieben habe, habe er der Frau stattdessen Fingerhutgift gegeben. Bei weiteren Vernehmungen zog er seine Aussagen wieder zurück.

Es war Aufgabe der Chemiker, die einzelnen Verdächtigungen zu erhärten. Der Untersuchungsrichter Dr. Ruhl ordnete zunächst die Exhumierung der ersten Frau Hopf an, zugleich wurde das Kind der zweiten Frau exhumiert. Außerdem wurden die Leichen der Eltern von Karl Hopf, seiner zweiten Frau und seines unehelichen Kindes untersucht. Die Gerichtschemiker Dr. Popp und Dr. Sieber waren beauftragt, die exhumierten Körper auf Rückstände von Gift zu untersuchen. Die damals neuesten Methoden waren ein elektrolytisches Verfahren und der sogenannte Marshsche Apparat. Die Untersuchungen dauerten fast ein halbes Jahr. In den Körpern der beiden Frauen und der Kinder wurden Giftreste festgestellt, der Vater war schon vor fast 20 Jahren gestorben, die Mutter war feuerbestattet worden. Den Wissenschaftlern gelang es, aus der Knochenasche Arsenreste zu erkennen. Die Möglichkeit, daß der Beschuldigte auch Bakterien für seine Zwecke verwandt haben könnte, schlossen die Chemiker nicht aus, doch ein Nachweis konnte nach so langer Zeit nicht erbracht werden.

Am 20. Januar 1914 begann vor dem Schwurgericht der Prozeß gegen Karl Hopf. 27 Geschworene waren aufgeboten, 64 Zeugen benannt. Die Anklage lautete auf vollendeten Mord an seinem Vater Paul Hopf, an seinem unehelichen Kind Karl Richter, an seiner Ehefrau Josepha, geborene Henel, und an seiner Tochter Elsa Hopf. Außerdem nannte die Anklage drei Giftmordversuche an seiner Ehefrau Christine, geborene Schneider, an seiner Mutter Auguste Hopf und seiner Ehefrau Walli, geborene Siewiec.

Der Angeklagte wußte sich sehr geschickt zu verteidigen, gab gelegentlich etwas zu, widerrief, hatte für alles eine Erklärung, was den Vorsitzenden Dr. Heldmann schließlich zu der Frage veranlaßte: »Der Vater hat Offenbacher Wasser getrunken, in dem sich Arsen befand, dem unehelichen Kind haben Sie nach dem Tod Arsen eingespritzt, die erste Frau hatte Schönheitspillen mit Arsen genommen, die zweite Frau hatte eine Arsenkur gemacht, das eheliche Kind haben Sie nach dem Tod ebenfalls mit Arsen behandelt, und Ihre Mutter soll Arsentropfen, die für ihren Hund bestimmt waren, genommen haben. Wie kommt es wohl, daß die ganze Familie soviel Arsen gebrauchte?« Der Angeklagte schwieg.

Ausführlich berichtete die Tagespresse über die Vernehmung der Frau Walli Hopf. Die Geschichte einer schrecklichen Ehe wurde offenbar. Der Angeklagte gestand, daß er der Frau zunächst Typhusbazillen verabreicht habe. Und auf die Frage des Richters, was Hopf seiner Frau in den Sekt getan habe, kam die völlig überraschende Antwort des Mannes, der bis dahin jede Schuld geleugnet hatte: »Arsen!«

Eine Stunde lang berieten die Geschworenen und

kamen in der Schuldfrage zu folgendem Ergebnis: Im Fall der ersten Frau Hopfs, Josepha, geborene Henel, sprachen sie den Angeklagten des Mordes schuldig. Im Falle der Ehefrauen Christiane und Walli Hopf sowie der beiden Kinder erkannten sie auf Mordversuch. Bei den Eltern Hopfs wurde die Schuldfrage verneint. Das Gericht verurteilte Karl Hopf zum Tode und wegen der Mordversuche zu 15 Jahren Zuchthaus. Am 17. Januar 1914 erließ der Erste Staatsanwalt eine Bekanntmachung, in der es hieß: »Das Urteil ist heute früh im Hof des Königlichen Strafgefängnisses Frankfurt am Main Preungesheim durch Enthauptung des Hopf vollstreckt worden.«

Das Wohnhaus Nummer 41 der Straße »Im Trutz« im Frankfurter
Westend. Unter den Trümmern des Bombenkrieges fand man 1954
den toten Richter.

Der tote Amtsrichter lag 33 Jahre im Keller

Den Ersten Weltkrieg hat die Stadt Frankfurt heil überstanden, Kriegsschäden gab es fast keine, und auch die revolutionären Bewegungen, die in anderen Städten – vor allem in der Reichshauptstadt Berlin und im Rheinland – lange gärten und viel Unheil anrichteten, hielten sich bis auf wenige Ausnahmen im Rahmen. Die Herrschaft des Marinemaates Stickelmann dauerte ein knappes Jahr und wird heute mehr als Farce betrachtet. Immerhin hat die Bevölkerung seiner Garde dankbar bescheinigt, daß sie bei Plünderungen tatkräftig eingegriffen und Unheil verhindert hat. Mit größerem Entsetzen nahm die Bevölkerung einen Zwischenfall während der französischen Besetzung, die nur vom 6. April bis 11. Mai 1920 dauerte, auf. Am Mittag des 7. April feuerte ein Maschinengewehrschütze an der Hauptwache in die Menschenmenge, die sich nach Meinung eines Unterleutnants zu nahe herangedrängt hatte. Neun Menschen wurden getötet, 26 verletzt. Noch schlimmere Folgen hatte der »Kapp-Putsch« in Berlin, der zu Unruhen auf den Straßen Frankfurts führte. Am Abend des 13. März 1920 wurden 150 Verwundete und 24 Tote gezählt.

Im übrigen waren zu Beginn der zwanziger Jahre wieder friedliche Verhältnisse eingekehrt, die Menschen beschäftigten sich mit ihren eigenen Angelegenheiten. Und so geschah es, daß am 20. Februar 1921 im Hause Im Trutz 41, einer stillen Wohnstraße nahe dem Anlagenring und dem Opernhaus, ein Mord geschah, von dem niemand etwas merkte. Erst am 16. Juli 1954 wurde die Leiche des Opfers gefunden. Von den Mördern gab es bis dahin keine Spur.

Das Haus Im Trutz 41 war im Bombenkrieg ausgebrannt, 1954 sollte ein Neubau an der Stelle errichtet werden. Bauarbeiter stießen beim Ausschachten des Kellers auf eine etwa vier Zentimeter dicke Zementschicht. Darunter lag in der Erde ein Skelett, das schon halb zerfallen war. Die Arbeiter gaben der Polizei Bescheid. Die Kriminalbeamten erkannten sehr bald, daß es sich nicht um einen Verschütteten des Bombenkrieges handeln konnte. Der Kellerboden, unter dem der Tote lag, war nicht von Bomben beschädigt, außerdem war deutlich zu erkennen, daß der Mann in die Erde gebettet worden war. Neben den Gebeinen fand man ein paar Kleiderreste, eine Geldbörse und schließlich zwei Ausschnitte aus der Frankfurter Zeitung vom 1. Februar 1920 und 1. Februar 1921. Das Gerichtsmedizinische Institut stellte fest, daß es sich um eine männliche Leiche handelte, die seit mindestens zwanzig Jahren, aber nicht länger als vierzig Jahre in der Erde gelegen hatte.

Der Schluß, daß der Tote nur das Opfer eines Verbrechens sein konnte, lag auf der Hand. Doch aus den zwanziger Jahren waren keinerlei Unterlagen vorhanden, die auf die Kenntnis eines Verbrechens dieser Art hätten schließen lassen können. Die Frankfurter Mordkommission sah sich genötigt, ein völlig im dunkeln liegendes Verbrechen aufzuklären. Zwar hatte zur Zeit des Todes offenbar kein Mensch den Mann vermißt, außerdem war ein Verbrechen längst verjährt. Ein Täter – wenn überhaupt noch einer lebte – konnte nicht mehr zur Rechenschaft gezogen werden. Doch Kriminalobersekretär Faulhaber, der den Ruf des erfolgreichsten Frankfurter Kriminalisten in der Nachkriegszeit hatte, machte sich verbissen an die Aufklärungsarbeit. Es schien, als habe ihn das Jagdfieber gepackt.

Fast vergeblich war die Suche nach den ehemaligen Bewohnern des Hauses Im Trutz 41. Zwar ließen sich die Namen ermitteln, aber die Menschen lebten nicht mehr. Bis auf einen sehr alten Rechtsanwalt, den Faulhaber aufspürte. Dieser erinnerte sich an einen pensionierten Amtsrichter namens Hofmann, der im zweiten Stock lebte. Er sei ein menschenscheuer Sonderling gewesen. Und: »Hofmann verschwand 1921 unter mysteriösen Umständen. Man sagte, er sei ausgewandert. Manche munkelten auch, er habe sich das Leben genommen.« Der Rechtsanwalt erinnerte sich, daß Hofmann einen Diener hatte, der ihn jahrelang betreute. Vielleicht wisse der etwas – wenn er noch lebe. An den Namen konnte sich der alte Herr nicht mehr erinnern.

Der Diener lebte noch, und er hieß Franz. Die Tochter des verstorbenen Hausbesitzers – damals 16 Jahre alt – wußte es: »Franz hieß er, Franz W. Er wohnte in der Gaußstraße.« Nach monatelangen Nachforschungen gelang es schließlich, den Besitzer des Hauses in der Gaußstraße ausfindig zu machen. Es könne sein, daß Franz noch lebe, sagte er. Nach den Bombenangriffen 1944 sei er in ein Dorf im Odenwald evakuiert worden. Dort fand der Kriminalbeamte Benno Faulhaber den Diener Franz.

Inzwischen waren auch einige Informationen über den Amtsgerichtsrat Dr. Moritz Hofmann bekannt geworden. Der Mann hatte sich 1920 pensionieren lassen, was die kleinen Ganoven ebenso aufatmen ließ wie die Kollegen bei Gericht. Hofmann zog sich völlig in seine Wohnung zurück, blieb fast unsichtbar. Selbst Mitbewohner des Hauses kannten ihn nicht. Die Gardinen waren ständig zugezogen, der Amtsgerichtsrat hatte stets graue Handschuhe an, er nahm keine Mahlzeit zu sich, deren Zubereitung er nicht genau überwacht hatte. Diener Franz erklärte dem Kriminalbeamten: »Der Mann hatte Verfolgungswahn.« Nicht ohne Grund, wie sich herausstellen sollte.

Der Diener und Richard, der Bruder des Amtsgerichtsrats, waren die einzigen, die in die Wohnung des einsamen Mannes kommen durften. Am 20. Februar 1921 ging Franz W. zur Polizei und erstattete Vermißtenanzeige. Dr. Hofmann war verschwunden. Er habe vielleicht in einem Anfall geistiger Umnachtung das Haus verlassen und sei wer weiß wohin gelaufen. Die Polizei nahm die Anzeige entgegen, aber offenbar forschte niemand ernsthaft nach dem Verschwundenen. Der Fall kam zu den Akten. Erst 33 Jahre später führten die Zeitungsartikel bei dem gefundenen Skelett zu dem Verdacht, daß er auf gewaltsame Weise aus dem Leben schied. Faulhaber brauchte nicht lang, bis er den Diener zum Geständnis bewegen konnte: »Richard und ich haben den Dr. Hofmann umgebracht.«

Am Morgen des 20. Februar 1921 war Richard Hofmann zu Besuch in die Wohnung des Bruders gekommen. Der Amtsrichter, so hatte der Diener den Eindruck, wirkte noch verschlossener und abweisender als sonst. Franz hörte schließlich, wie sich die Brüder im Wohnzimmer lauthals stritten. Als Franz die Tür öffnete, sah er, wie Richard auf seinen Bruder mit den Fäusten einschlug. Er rief dem Diener zu: »Erwürge ihn doch, den alten Idioten!« Lange aufgestauter Haß kam in dem Mann hoch. Er würgte Dr. Hofmann so lange mit den Händen, bis er tot war. Richard und Franz vergruben die Leiche im Keller und beseitigten alle Spuren.

Vor der irdischen Gerechtsamkeit mußten sich die beiden nicht mehr verantworten. Richard Hofmann war 1944 bei einem Bombenangriff umgekommen, für den Diener Franz war die Sache verjährt.

Die Straßen zwischen Hauptbahnhof und Main waren finster und kaum belebt. Der Mörder konnte sein Opfer unbemerkt zum ebenso finsteren Mainufer schleppen und unbemerkt beseitigen.

Auf der Spur des Regenschirms mit Silbergriff

November 1923. In der Mitte des Monats wurde die neue Rentenmark zur offiziellen Währung erklärt. Die Inflation, deren Ausmaße kaum noch in Zahlen zu fassen waren, nahm ein Ende. Doch gab es noch ein großes Durcheinander auf dem deutschen Geldmarkt. Der Wert der Rentenmark brauchte Zeit, um sich einzupendeln. Wenige Tage vorher noch war die Inflation auf dem Höhepunkt gewesen. In den Firmen war da jeder Tag ein Zahltag. Mit Aktentaschen voller Geld rannten die Menschen in die Geschäfte, um sich mit dem Notwendigsten zu versorgen. Wenn einer am Abend zum Dämmerschoppen ging, mußte er für vier Glas Bier eine Billion Reichsmark bezahlen; einen Betrag, den man sich heute kaum vorstellen kann.

Unsichere Zeiten dieser Art rufen Händler auf den Plan, die krumme Geldgeschäfte zu machen versuchen. Dies war auch der Hintergrund des Mordfalles Landmann, der am 28. November seinen Anfang nahm, dem Tag, an dem in Frankfurt die Reichsbank kein städtisches Notgeld mehr an ihren Schaltern annahm und an dem die Polizei eine große Devisenrazzia veranstaltete. Der 37jährige Kaufmann Heinrich Landmann handelte mit Devisen. Madlen Lorei und Richard Kirn schildern in ihrem Buch »Frankfurt und die goldenen zwanziger Jahre« den Verlauf des Prozesses gegen den angeblichen Gutsbesitzer Friedrich

Michel, dem der Mord an dem Devisenhändler Heinrich Landmann vorgeworfen wurde.

Dieser Heinrich Landmann hatte offenbar schon einige Erfahrung mit Schiebereien und illegalem Geldhandel, wie sie im Jahr 1923 an der Tagesordnung waren. Er war vorbestraft und im Juni aus der Haft entlassen worden. Am 28. November abends um sechs Uhr war er mit Friedrich Michel verabredet. Michel soll, so hatte es Landmann seiner Frau erzählt, ein Guts- und Ziegeleibesitzer gewesen sein, der bei Darmstadt zu Hause war. Er hatte Landmann ausrichten lassen, daß er Gold gegen Devisen tauschen wolle.

Frau Emilie Landmann wartete an diesem Abend vergebens auf ihren Mann. Als er auch im Laufe der Nacht nicht nach Hause kam, ging sie zur Polizei. Vielleicht mit einem schlechten Gewissen, denn ihr Mann wollte bei seinen dunklen Geschäften gewiß nichts mit der Polizei zu tun haben. Doch zu diesem Zeitpunkt war er schon tot. Die Frau suchte auch den Friedrich Michel auf. Dieser sagte, er habe an dem besagten Abend Landmann getroffen. Er habe geäußert: »Sobald ich ein bißchen Geld zusammengekratzt habe, kratze ich aus.« Im übrigen aber sei er in Begleitung von »zwei ganz verdächtigen Brüdern« gewesen. Davon, daß ihr Mann »auskratzen« wollte, wußte Frau Landmann nichts. Doch er blieb verschwunden.

Bis zum 25. März 1924. An diesem Tag fand man am Nadelwehr bei Niederrad im Main eine schon stark verweste Leiche. Der Fluß hatte sie nach einem der kältesten Winter dieses Jahrhunderts freigegeben.

Sie hatte im Eis gelegen. Die Beine des Toten waren in Kniehöhe zusammengebunden. In den Taschen wurden Schlüssel, ein Portemonnaie mit wenig Geld und eine Brieftasche mit Papieren auf den Namen Heinrich Landmann gefunden. Der Gerichtsarzt stellte Tod durch Ertrinken fest, Einwirkungen von Gewalt waren nicht zu entdecken. Landmann wurde als Selbstmörder auf dem Sachsenhäuser Friedhof begraben.

Bald darauf interessierte sich die Polizei doch wieder für den Fall. Nicht nur die gefesselten Beine des Toten erregten Verdacht, auch die Protokolle vom Verschwinden des Kaufmanns Landmann im vorhergehenden Herbst und die letzte Begegnung mit Michel warfen Fragen nach einem gewaltsamen Tod auf. Im Mai 1924 wurde die Leiche exhumiert. Friedrich Michel war festgenommen worden und stand dabei, als das Grab geöffnet wurde. Er sah ruhig zu, keinerlei Gemütsbewegung war zu erkennen. Ein Jahr lang wurde gegen ihn ermittelt. Ende März begann der Prozeß vor einem Frankfurter Schwurgericht.

Immer wieder geschieht es in der Kriminalgeschichte, daß ein simpler Zufall den Stein ins Rollen bringt und die endgültige Aufklärung eines Verbrechens möglich macht. Im Fall Landmann war es ein Regenschirm mit einem auffallenden Griff aus Tukasilber. Die Ehefrau Emilie Landmann erinnerte sich bei einer Vernehmung: »Mein Mann hat den Schirm mitgenommen, als er abends gegen sechs Uhr das Haus verließ, um sich mit Michel zu treffen.« Ein Kriminalbeamter bat die Frau, im Fundbüro nach dem

Schirm zu fragen. Tatsächlich befand er sich dort. Die Eintragung lautete: »Der Schirm ist am 28. November abends gegen 8.30 Uhr von einem Postbeamten namens Michel gefunden worden.«

Die Kriminalbeamten stutzten. Sollte der verdächtige Friedrich Michel selbst den Schirm seines Opfers zum Fundbüro gebracht haben? Inzwischen hatte die Polizei einige dunkle Punkte aus dem Vorleben des Mannes ans Tageslicht gebracht. Auch stand fest, daß sich Landmann und Michel während der Haft kennengelernt und wohl auch im Gefängnis den Handel »Gold gegen Devisen« abgesprochen hatten. Der ehrliche Finder des Regenschirms aber war ein Postbeamter, der zufällig auch Michel hieß. Bei seiner Vernehmung schilderte der aufmerksame Zeuge den Vorfall so:

»Ich sah den Schirm in der Blücherstraße vor dem Haus Nummer 11 auf der Straße liegen. Ich hatte den Schirm gerade aufgehoben, da kam ein Mann auf mich zu, der sich umblickte, als suche er etwas. Als er den Schirm in meiner Hand sah, wollte er ihn unbedingt haben. Er bot mir vier Billionen (es war noch Inflationsgeld), aber mir kam das nicht geheuer vor. Obwohl der Unbekannte jetzt grob wurde, gab ich den Schirm nicht heraus, sondern lieferte ihn bei der Fundstelle ab.« Dazu gab der Postbeamte eine Personenbeschreibung, die haargenau auf den Namensvetter paßte.

Friedrich Michel bestritt vor Gericht jegliche Schuld. Als Sachverständiger trat wiederum der Gerichtschemiker Dr. Popp auf den Plan, der bereits in den Prozessen gegen Groß, Stafforst und Hopf Wesentliches zur Aufklärung beigetragen hatte. Der Chemiker hatte bei dem Angeklagten eine Flasche »Jakobinerlikör« gefunden und untersucht. Sein Gutachten: »Der Stopfen war mit Zucker behaftet, der sich als stark strychninhaltig erwies. Die Wirkung von Strychnin äußert sich in Starrkrampf. Sie kann schon nach kurzer Zeit eintreten, muß aber nicht.«

Vor Gericht wurde der Tathergang nachvollzogen. Michel hatte von Anfang an nicht die Absicht, Gold gegen Devisen zu tauschen. Er wollte den Mann töten, um an sein Geld zu kommen. Er bot dem anderen an jenem kalten und regnerischen Novemberabend einen Schluck aus der Flasche an. Landmann torkelte, Michel schleppte ihn zum Main hinunter. Dort band er dem inzwischen Bewußtlosen die Beine zusammen und warf ihn in den Fluß. Am Mainufer war es stockfinster, kein Zeuge konnte den Vorgang beobachten. Erst auf der Suche nach dem verlorenen Schirm stieß der Mörder auf einen Zeugen, der sich als besonders aufmerksam und umsichtig erwies.

Friedrich Michel wurde zum Tode verurteilt.

Skizze aus dem **Flessaprozeß**

Skizze aus dem Prozeß gegen die Krankenschwester Wilhelmine
Flessa im Frankfurter Schwurgerichtssaal. Ganz links die
Angeklagte.

Der Fall Flessa: Protest des Dichters Fritz von Unruh

Am 26. März 1926 verurteilte ein Frankfurter Schwurgericht die Krankenschwester Wilhelmine Flessa zum Tode und dauernden Verlust der bürgerlichen Ehrenrechte. Sie hatte im Oktober 1925 den Arzt Dr. Ernst Seitz in der Wittelsbacher Allee erschossen. Nach Augenzeugenberichten tobte die Verurteilte bei der Verkündung so sehr, daß diese wiederholt werden mußte. In ganz Frankfurt folgte eine Welle von Protesten.

Der Dichter Fritz von Unruh, zu jener Zeit eine der bedeutendsten und bekanntesten Persönlichkeiten in Frankfurt, schrieb einen flammenden Protest, in dem er auf die seelische Not einer abgewiesenen Frau hinwies. 21 Frauenverbände, von den Akademikerinnen bis zu den Hebammen und Büroangestellten, protestierten dagegen, daß in diesem Fall, wo es sich um Leben und Tod einer Frau handelte, alle Geschworenen Männer waren. Wegen eines Formfehlers wurde das Urteil vom Reichsgericht aufgehoben. Es hatte sich herausgestellt, daß entgegen der Gerichtsverfassung ein Assessor als Beisitzer eingesetzt worden war.

Im August 1926 trat erneut ein Schwurgericht zusammen. Zwischen den Geschworenen saß diesmal auch eine Frau: Charlotte Görlich. Verteidigerin war die sozialdemokratische Abgeordnete Anna Schulz. Das neue Urteil: sieben Jahre Zuchthaus wegen versuchten Totschlags in Tateinheit mit fahrlässiger Tötung. Der Fall Flessa ging durch die Zeitungen in der ganzen Welt.

Wilhelmine Flessa war zur Zeit der Tat 38 Jahre alt. Sie wirkte, wie Zeitgenossen berichteten, wesentlich älter, war klein und unscheinbar, ein »altjüngferlicher« Typ. Sie stammte aus Nürnberg, sprach fränkischen Dialekt und gab sich gern bajuwarisch-derb. In einem psychiatrischen Gutachten hieß es, sie sei vom Vater, der ein Trinker war, und der nervösen Mutter her erblich belastet. Begriffe wie »konstitutionell degenerative, psychopathische Persönlichkeit« und »unharmonischer Charakter« kommen im Gutachten vor. Mit der ihr eigenen Energie aber schaffte es die Frau, die quasi elternlos aufgewachsen und als heimatlose Hausangestellte nach Frankfurt gekommen war, sich ohne jede Hilfe von außen zur Krankenschwester mit der Examensnote »Eins« emporzuarbeiten.

Wilhelmine Flessa war nach dem Krieg in verschiedenen Hospitälern als Aushilfsschwester tätig. Im Rotkreuzkrankenhaus an der Königswarter Straße begegnet sie zum ersten Mal dem Dr. Ernst Seitz, der in diesem Haus als Chirurg tätig war. Als sich die Krankenschwester eines Tages eine abgebrochene Schreibfeder versehentlich in den Finger gestoßen hatte, nahm der Chirurg eine kleine Operation vor. Das war der Beginn einer schwärmerischen Beziehung der unscheinbaren Frau zu dem gutaussehenden Mann, der allgemein als »Frauentyp« galt. Sie schrieb ihm Briefe, er nannte sie seine »dankbare Patientin«.

Die Briefe müssen schließlich Formulierungen enthalten haben, die weit über die übliche Dankbarkeit hinausgingen. Einer davon kam versehentlich in die Hände Unbeteiligter, die später als Zeugen aussagten, er habe eine Mischung aus Drohungen und Liebesgeständnissen enthalten und außerdem die Aufforderung, sie in ihrem Zimmer zu besuchen. Während des Prozesses erzählte die Angeklagte einige Geschichten über Ausflüge nach Königstein, Fahrten und Übernachtung in Darmstadt, gemeinsame Opernbesuche und andere Zusammenkünfte. Nachweise konnte sie nicht erbringen.

Bewiesen war lediglich, daß Dr. Seitz die Frau einmal in ihrer Wohnung am Oeder Weg besucht hatte. Er hatte vorher mit Bekannten darüber gesprochen, auch um Rat nachgesucht. Er hatte offenbar gehofft, die Frau beruhigen und zu einer vernünftigen Haltung bewegen zu können. Der Arzt war gerade dabei, sich eine eigene Praxis in der Wittelsbacher Allee einzurichten. Es wäre ihm sehr ungelegen gewesen, wenn er wegen einer Frau ins Gerede gekommen wäre. Außerdem stand er kurz vor der Verlobung mit einer jüngeren Frau.

Der Besuch fand nach Angaben von Wilhelmine Flessa am Ostersonntag 1924 statt. Die Frau erklärte, der Arzt sei ihr gegenüber zudringlich geworden. Was sie aber nicht hinderte, daß sie in den folgenden anderthalb Jahren – Dr. Seitz hatte es Bekannten erzählt – immer wieder in Briefen das Angebot machte, unter notariell beglaubigtem Verzicht auf legitime Bindungen ein Kind von ihm zu bekommen. Der Verlobten des Dr. Seitz, der sie durch Zufall im Haus ihrer Familie begegnete, erzählte sie die Geschichte vom Besuch eines Arztes, ohne einen Namen zu nennen. Sie sagte der jungen Frau, daß sie diesen Mann am liebsten totgeschossen hätte.

Die ganze Angelegenheit beunruhigte Dr. Seitz immer stärker und wurde zur echten Belastung. »Diese Frau wird einmal mein Schicksal«, hatte er Bekannten gegenüber immer wieder erklärt. Eine nächtliche Begegnung machte ihm schwer zu schaffen. Er war auf dem Heimweg in die Wittelsbacher Allee, als Wilhelmine Flessa, die sich hinter einem Baum versteckt hatte, plötzlich vor ihm stand und rief: »Machen Sie Ihr Testament. Jetzt ist Schluß. Ich bringe Sie um!« Der erschrockene Arzt ging auf ein Polizeirevier und fragte, wie er sich verhalten solle. Die Beamten wußten keinen Rat.

Im Juli 1925 kaufte sich Wilhelmine Flessa die Waffe, mit der Dr. Seitz wenige Monate später erschossen wurde. Am 27. Oktober soll noch einmal eine entscheidende Aussprache stattgefunden haben. Der Arzt erklärte, er wolle endlich seine Ruhe haben. Am Tag darauf ging die Frau mit der Walther-Pistole in der Handtasche in die Wittelsbacher Allee. Im Treppenhaus versteckte sie sich hinter einem Podest. Als Seitz die Treppe herunterkam, sprach sie ihn an. Er versuchte, ihren Arm mit der Waffe zu fassen. Drei Schüsse gingen los. Schon der erste war ein tödlicher Herzschuß.

Im Gerichtssaal legte die Angeklagte gelegentlich ein seltsames Verhalten an den Tag. Häufig ging das Temperament mit ihr durch. Als der Gefängnisarzt

144

mit einer Beule am Kopf im Gerichtssaal erschien, erklärte er, diese rühre von einer Blechschüssel her, die ihm Frau Flessa an den Kopf geworfen habe. Dem Gerichtsarzt Geheimrat Roth versicherte sie, sie werde ihm sämtliche Haare ausreißen, wenn sie ihn erwische. Die Braut des erschossenen Dr. Seitz beschimpfte sie so sehr, daß diese Zeugin wieder aus den Saal geführt werden mußte.

Was an dem Tag geschehen war, an dessen Abend Dr. Ernst Seitz von der tödlichen Kugel getroffen worden war, schilderte die Angeklagte so: Am Nachmittag habe sie in ihrem Zimmer gegrübelt, was sie tun solle. Sie sei schließlich zu dem Entschluß gekommen, sich zu vergiften. Hierzu habe sie in einer Tasse Morphium und Eucidol aufgelöst. Dann habe sie sich gesagt, daß »er« büßen müsse. Er sei der Schuldige. Sie habe daran gedacht, daß sie ihn vielleicht nur in den Arm treffen solle, damit er seine Praxis nicht mehr ausüben könne. Wenn sie die Schlagader verletze, wisse sie ja, wie ihm zu helfen sei. Das Gift habe sie in ein Fläschchen geschüttet und in die Handtasche zu dem Revolver getan. Als die Schüsse losgingen, habe sie einen Sternenregen vor der Brust des Mannes gesehen: »Wie ein Christbaum.«

Als Wilhelmine Flessa ihre Strafe abgesessen hatte, durfte sie einen anderen Namen annehmen. Man hat nie wieder etwas von ihr gehört.

Die »Strafanstalt« im Stadtteil Preungesheim im Jahr 1927, als
Wilhelm Hermann hinter diesem Tor in Haft war. Das Gefängnis
wurde 1889 nach dreijähriger Bauzeit seiner Bestimmung
übergeben. Die Hinrichtung der Raubmörder Groß und Stafforst
im Jahr 1904 war die erste im Gefängnishof von Preungesheim. Die
Justizvollzugsanstalt wurde in den letzten Jahren erweitert und
modernisiert.

Gedichte der Liebe und tödliche Schüsse

Daß nicht noch mehr Männerhände, die mit Stahlfedern kitschige Liebesgedichte schreiben, eines Tages Repetierpistolen anwenden, wundert mich. Daß nicht noch mehr Mädchen, auf die solche Gedichte Eindruck machen, eines grauenhaften Todes sterben, ist nur eine Vergeßlichkeit des Schicksals. Mich wundert an dieser ganzen kleinbürgerlichen Tragödie gar nichts. Es ist der notwendig tragische Ausbruch aus dem Kleinbürgertum. Gedichte und ihr trauriger Inhalt machen Eindruck auf das romantische Mädchen. Sie verwirren es tödlich, noch ehe die Kugel es trifft.«

Der Wiener Schriftsteller Joseph Roth schrieb diesen Satz in einem Kommentar der Frankfurter Zeitung nach dem Sensationsprozeß gegen den 29jährigen Wilhelm Hermann, der angeklagt war, zwei Frauen ermordet und eine schwer verletzt zu haben. Der Autor des weltberühmten Romans »Radetzkymarsch« und einer Reihe anderer Bücher war einige Zeit Korrespondent der Frankfurter Zeitung. Die Redaktion hielt den Prozeß für interessant genug, um den Autor aus Österreich als Beobachter in den Frankfurter Gerichtssaal zu bitten.

Am ersten Prozeßtag vor dem Schwurgericht, es war der 31. Januar 1927, stellte ein Berichterstatter erstaunt fest, daß der Angeklagte während der Untersuchungshaft mindestens zwanzig Pfund zugenommen haben mußte. Aus dem vorher gesund und kräftig wirkenden Mann war ein Koloß geworden. Wilhelm Hermann wurde 1898 in Offenbach geboren. Bereits als Jugendlicher zeigte er gewisse kriminelle Neigungen. Einem Sattlermeister veruntreute er zweimal Geldbeträge und brannte damit nach Berlin durch. Als er kein Geld mehr hatte, schnitt er sich mit einem Rasiermesser in die linke Brusthälfte. Die Eltern – der Vater besaß in Offenbach eine Schreinerei – holten den Jungen zurück. Im Ersten Weltkrieg wurde er leicht verwundet. In den Jahren danach zog er durch die Lande. Wegen Landstreicherei, Diebstahls und Einbruchs machte er gelegentlich Bekanntschaft mit der Justiz. Die höchste Strafe, die er verbüßen mußte, war ein Jahr Gefängnis. Dank seiner Intelligenz und besonderer Fähigkeiten fand er immer wieder Arbeit.

Die Neigung zum Selbstmord, die sich schon beim Jugendlichen gezeigt hatte, kam in der Vernehmung zur Person häufig zur Sprache. Im Jahr 1920 schoß sich Hermann im Offenbacher Wald in die rechte Schläfe und verlor dabei ein Auge. Später habe er, so sagte der Angeklagte vor Gericht, gelegentlich Schlafpulver eingenommen, um sein Leben zu beenden. Einmal habe er sechzig Stunden hintereinander geschlafen. Auch als er Kunigunde Hufnagel getroffen habe, habe er an Selbstmord gedacht.

Über die Begegnung mit der jungen Frau, die ein tödliches Ende nehmen sollte, schrieb Joseph Roth in der Frankfurter Zeitung im Telegrammstil: »Willi Hermann, Bürogehilfe, vorbestraft, arbeitslos, fährt eines Tages in der Umgebung von Frankfurt mit dem Rad spazieren, erblickt das (schon verlobte) Fräulein Kunigunde Hufnagel, findet Gefallen an ihr, stellt ihre Wohnung fest, schreibt einen Brief, legt ein Gedicht bei, erhält Antwort, schreibt noch ein Gedicht, schickt ihr seinen Lebenslauf, verschweigt seine Vergehen und die Selbstmordversuche, erhält den Lebenslauf von Kunigunde, telefoniert bei ihr zu Hause an, macht ein Rendezvous aus, geht mit ihr im Wald spazieren, versucht vergeblich ihre Hand zu küssen, wird abgewiesen, macht einen Besuch, wird endgültig abgewiesen, kommt noch einmal und erschießt Kunigunde und ihre Schwägerin und verletzt die Mutter des Mädchens schwer . . .«

Zeugen sagten aus, Hermann habe sich der Frau gegenüber kavaliersmäßig benommen und habe ihr eine Ehe voller Sonnenschein versprochen. Daß Kunigunde bereits einen Verlobten hatte, schien er nicht gewußt zu haben. Die Zurückweisung eines Versuchs der sexuellen Annäherung löste die Tragödie des nächsten Tages aus.

Der zurückgewiesene Liebhaber ging systematisch vor. Er verkaufte sein Fahrrad und erwarb für das Geld einen neuen Revolver, fuhr nach Frankfurt zurück und besuchte zunächst eine Prostituierte. Am nächsten Morgen kaufte er Patronen, trank noch ein paar Bier in einem Wirtshaus, lud die Waffe heimlich in einer Bedürfnisanstalt und ging zur Wohnung, wo Kunigunde Hufnagel mit ihrer Familie lebte, und begehrte Einlaß. Dieser wurde ihm verwehrt. Er drang gewaltsam ein und schoß sofort um sich.

Vor Gericht sagte der Angeklagte, er habe gar nicht gewußt, wohin er geschossen habe. »Es waren Meisterschüsse«, sagte der Richter. Der Angeklagte darauf: »Die Entfernung war ja nicht sehr groß.« Vier Schüsse habe er abgegeben, an einen fünften, mit dem er einen Verfolger treffen wollte, konnte er sich nicht mehr erinnern. Hermann: »Ich wollte mich selbst erschießen, aber es gab eine Ladehemmung.«

Der Angeklagte erklärte dann, er habe die Absicht gehabt, Kunigunde Hufnagel zu »mißbrauchen« und dann sich selbst zu erschießen. Im Protokoll des Kriminalkommissars, der Wilhelm Hermann als erster vernommen hatte, hieß es jedoch, er habe die Möglichkeit zugegeben, daß er die Frau erschießen werde, wenn sein Vorhaben mißlinge. In einer anderen schriftlich niedergelegten Aussage hieß es: »H. gibt zu, sich und Kuni erschießen zu wollen.« In einem späteren Protokoll stand kein Wort von der Absicht, die Frau zu töten.

Am Morgen des zweiten Prozeßtages wurden verschiedene Zeugen vernommen. Hier sei der Bericht aus dem ersten Morgenblatt der Frankfurter Zeitung vom 1. Februar 1927 wiedergegeben: »Polizeibeamte, Arbeitgeber und Vorgesetzte des Angeklagten, die Verwandten der Getöteten und schließlich zwei Mädchen, mit denen Hermann Verkehr gepflogen hatte, kamen nacheinander zu Wort. Eine Reihe von Zeugen machte für die Beurteilung der Wesensart und des Charakters des Angeklagten wichtige Bekundungen. Ein Schwager meinte, daß heute Hermann wie ein Kind versprach, sich zu bessern, am nächsten Tag ihm aber schon wieder die Natur durchgegangen sei. Hermann zeigte Interesse an ernster Literatur und besaß eine Bibliothek von etwa tausend Bänden. Als Schüler bekam er gute Zeugnisse und war freundlich und gefällig. Intelligent, geschäftstüchtig und flottester Maschinenschreiber, so zeigte sich der Angeklagte im Berufsleben. Eine Offenbacher Firma mußte ihn entlassen, weil er die angestellten Mädchen mit unsittlichen Anträgen verfolgte . . . Hinter verschlossenen Türen wurde dann das Sexualleben Hermanns erörtert, und man erfuhr von seinem regen Geschlechtstrieb.«

Dies war das Urteil des Schwurgerichts: »Der Angeklagte Wilhelm Hermann wird wegen Mordes in zwei Fällen zweimal zum Tode, wegen Mordversuchs und Totschlagversuchs je in einem Falle zu einer Gesamtzuchthausstrafe von zehn Jahren verurteilt.« Ein Jahr später hieß es, er sei zu zehn Jahren Zuchthaus begnadigt worden.

Die Frankfurter Kaiserstraße war vor dem Ersten Weltkrieg und in
den zwanziger Jahren eine lebhafte Geschäftsstraße mit feinen
Läden, zu denen der des Juweliers Grebenau gehört.

Der letzte Coup des Königs der Einbrecher

Der Raubmord in der Kaiserstraße«, geschehen am 23. Januar 1927, erregte die Gemüter in der Stadt. An diesem Sonntagmorgen nämlich hat der »Einbrecherkönig« Johann Friedrich Schultheis den Juwelier Joseph Grebenau erschossen und beraubt. Ein paar Tage später stand in der Frankfurter Zeitung eine Abhandlung unter dem Titel: »Was der Fall Grebenau lehrt.« Der Autor bezieht sich auf den damals vielgelesenen Roman »Nicht der Mörder, der Ermordete ist schuldig« von Franz Werfel. Die Mitschuld, so heißt es weiter, bestehe darin, daß niemand damit rechne, daß sein Leben von fremder Hand vernichtet werden könne. Grund zu besonderer Vorsicht und Mißtrauen aber hätten vor allem jene Personen, die aus Berufsgründen, ohne es zu wollen, mit dem Verbrechertum in Verbindung kommen könnten. Dies treffe in erster Linie auf Pfandleiher, Althändler und Juweliere zu.

Für den ehrenwerten Juwelier Joseph Grebenau, dessen Geschäftsräume sich im vornehmen Haus des ehemaligen Cronstettenschen Damenstiftes befanden, kamen gute Ratschläge dieser Art zu spät. Johann Friedrich Schultheis, der bereits acht Tage nach der Tat festgenommen wurde und bald darauf ein umfassendes Geständnis ablegte, sagte, er habe den Juwelier schon aus früheren Geschäften gekannt. Am 23. Januar habe er Grebenau aufgesucht und ihm einen Brillantring mit zwei Rubinen zum Kauf angeboten, der 120 Mark wert gewesen sei, für den der Schmuckhändler aber nur 25 Mark zahlen wollte. Im Ärger habe er dem Juwelier frühere Schiebergeschäfte und Beziehungen zu einem bekannten Hehler vorgeworfen. Grebenau habe ihn mit einem Vorhängeschloß bedroht, es sei zu einem Ringen gekommen, wobei er, Schultheis, den Gegner schließlich mit dem Vorhängeschloß am Kopf verletzt und dann mit der Pistole erschossen habe. Er habe Juwelen und Bargeld mitgenommen.

Grebenau, so schrieb die Frankfurter Zeitung in einer Art Nachruf, verkehrte häufig in Frankfurter Caféhäusern und schien auch hier Beziehungen zu Kunden angebahnt zu haben. Er pflegte, in den Taschen verstaut, Wertsachen mit sich herumzutragen. Auch habe er gewöhnlich einige tausend Mark in den Taschen gehabt. Menschen, die ihn gekannt haben, würden ihn als einen gebildeten, fleißigen und rechtschaffenen Menschen schildern. Vor allem auch seine Fairneß im geschäftlichen Leben sei bekannt.

Nachdem im Zusammenhang mit der Affäre der als Hehler bekannte Juwelier Esim Leybtschik festgenommen worden war, wurden einige neue Aspekte des Falles aufgedeckt. Der verdächtigte Schultheis erzählte, er sei einmal im Einvernehmen mit den Inhabern der Firma Grebenau in deren Räume eingebrochen, damit diese in den Genuß einer hohen Versicherungssumme kämen. Man habe ihm 10 000 Mark versprochen, aber nur die Hälfte bezahlt. Deshalb habe er einen Teil der Einbruchsbeute zurückbehalten. Der Bücherrevisor von Grebenau bestritt diese Erklärung energisch.

Zur Festnahme des Johann Friedrich Schultheis trugen Briefe bei, die an die Frankfurter Polizei gerichtet waren und von Absendern aus Wisselsheim bei Bad Nauheim stammten. In diesem Ort lebte der »Einbrecherkönig«. Er konnte seine Tätigkeit wohl nicht ganz vor Nachbarn geheimhalten. Am Ort des Verbrechens war ein Brief mit dem geheimnisvollen Satz »Komme Dienstag. Theodor Noak« gefunden worden. Vergleiche mit der Handschrift des Schultheis ergaben Übereinstimmungen. »Noak« war der Deckname des Einbrechers.

Kriminalrat Hader von der Frankfurter Polizei, der den Beschuldigten sehr bald zu einem Geständnis überreden konnte, erläuterte am 1. Februar 1927 vor der Presse die Tat. Schultheis habe den Juwelier zunächst mit der Pistole bedroht. Als Grebenau ihn nicht aus dem Laden herauslassen wollte, habe er, ohne zu zielen, den tödlichen Schuß abgefeuert. Dann habe er die Juwelen zusammengerafft, die auf einem Tisch lagen, aus dem Kassenschrank weiteren Schmuck genommen und vorhandenes Geld gestohlen. Zu Hause in Wisselheim habe er die Juwelen im Heuboden und die Pistole unter einem Dachsparren versteckt. Später habe er den Schmuck im Garten vergraben. Nach seinen Angaben suchte die Polizei nach den Juwelen und fand sie auch wie angegeben.

Im April 1927 wurde Johann Friedrich Schultheis, der »Einbrecherkönig«, wegen schweren Raubes und Totschlags zu 15 Jahren Zuchthaus verurteilt.

Um die »Sonne von Mexico« in der Allerheiligenstraße ist es still geworden. Gelegentlich wird dennoch eine Scheibe eingeworfen.

Ein Denkmal für die Sonne von Mexiko

Auf dem Frankfurter Hauptfriedhof, in jenem Teil, in dem, umgeben von altehrwürdigen Gräbern, die modernsten Grabsteine aufgestellt sind, ist auch ein solcher, der die schlichte Inschrift »Georg Schüßler 1897–1967« trägt. Es ist eine Granitsäule, die in der linken oberen Ecke eine stilisierte Sonne zeigt. Wer Georg Schüßler zu Lebzeiten kannte, weiß auch um die Bedeutung: Es ist die »Sonne von Mexiko«.

Auf seine Weise war dieser Mann in den zwanziger Jahren eine Berühmtheit. Die »Sonne von Mexiko« – es war in Ganovenkreisen sein Spitzname – war einer der erfolgreichsten Einbrecher seiner Zeit in Frankfurt und Umgebung. Als er im Januar 1967 starb, gaben ihm rund tausend Trauergäste das letzte Geleit. Sie kamen aus ganz Deutschland, zum Teil mit schweren Autos. Ein Kriminalbeamter, der mit einigen Kollegen auch im Trauerzug mitging, flüsterte seinem Nachbarn zu: »Hier gehen mindestens tausend Jahre Zuchthaus.« Tatsächlich kam es auch zu einer Festnahme. Ein Mann mit dem Spitznamen »Stalin« ging der Kripo ins Netz. Später flüsterte man sich zu, am Rande des Grabes sei mit Waffen gehandelt worden. Doch Gerüchte gibt es bei solchen Gelegenheiten immer.

»Das war noch ein Mann mit Herz und Gemüt«, soll ein Amtsgerichtsdirektor geäußert haben, als er vom Tod Schüßlers hörte. Ein Staatsanwalt soll gesagt haben: »Er war ein Anwalt der Armen.« Skeptiker hegten daran Zweifel, wenn sie aus den Akten der zwanziger Jahre erfuhren, daß von den 75 schweren Einbrüchen, die der »Sonne von Mexiko« und seiner 22köpfigen Bande damals angelastet wurden, allein 24 auf Zigarren- und Zigarettengeschäfte waren, wobei die Diebe einmal 70 000 Zigaretten erbeuteten. Die kleinen Tabakwarenhändler waren gewiß keine Krösusse.

Im Januar 1932 war es der Polizei gelungen, die ganze Diebesbande festzunehmen. Neben Georg Schüßler tat sich der »kleine Cohn«, der ein Zigeuner gewesen sein soll, hervor. Sein Spitzname war wahrscheinlich von dem Schlager »Ha'm Se nicht den kleinen Cohn geseh'n?« abgeleitet, vor allem aber paßte er zu der grazilen Figur und der Wendigkeit des Mannes. Er konnte überall durchschlüpfen. Stets gingen zwei Leute »auf Tour«, während die anderen sich nach neuen Tätigkeitsfeldern umschauten. Fünfmal überfielen sie kleinere Geschäftsstellen und dazu zwei Stationskassen im Taunusbereich. 100 000 Mark sollen ihnen dabei in die Hände gefallen sein. Der »kleine Cohn« überfiel einmal die Praxis des Anwalts seiner Kollegen und erbeutete Wertpapiere in Höhe von 20 000 Mark.

Ein Geschäftseinbruch auf der Zeil wurde der Bande zum Verhängnis. Sie hatte einen neuen Mann in ihren Reihen, einen ehemaligen Zuchthäusler. Dieser fiel der Polizei auf, so kam man den 22 Einbrechern auf die Spur. Festgenommen wurde bei der Gelegenheit auch ein Schlosser, der obendrein zur Bande des berüchtigten Metzgermeisters O. gehörte. Dem Schlosser wurde die Beteiligung an 46 Einbrüchen nachgewiesen.

In den frühen dreißiger Jahren schien es, als wollten sich die Einbrecherbanden gegenseitig Konkurrenz machen. Es waren Zeichen der unsicheren Zeiten, der Armut auf der einen Seite, die Menschen zum Verbrechen trieb, des Überflusses auf der anderen. In manchen Kreisen der Bevölkerung bekamen Einbrecher, sofern sie nicht gewalttätig waren oder zur Pistole griffen, den Ruf der Rächer der Armen wie einst der Räuberhauptmann Schinderhannes.

Der Metzgermeister O. freilich, dessen Bande mit 40 Männern ein paar Monate vorher dingfest gemacht worden war, betrieb den Diebstahl en gros. Er selbst fuhr nur mit dem Auto – einem gestohlenen. Rund 250 schwere Einbrüche wurde der Gang – O. arbeitete schon nach amerikanischem Vorbild – vorgeworfen. Geflügelfarmen, Viehställe, Tankstellen, Autogaragen wurden systematisch geplündert. Die Raubzüge führten nach Aschaffenburg, Dörnigheim, Gut Neuhof bei Götzenhain und andere Orte. Wein, Hühner, Schweine, Gänse, Kaninchen, Briketts, Öl und Tannenbäume für den Weihnachtsmarkt verschwanden auf die geschickteste Weise. Das Kleinvieh wurde an Ort und Stelle geschlachtet und sofort an gewerbsmäßige Hehler weitergegeben. Eine Spezialkolonne, meist Frauen, verarbeiteten das Großvieh zu Wurst. Die Hehler hatten feste Abnehmer. Auch aus dem Schlachthof verschwanden ganze Viertel von Großvieh. Die Diebe gingen mit der Zeit. Bereits 1931 wurden in Frankfurt monatlich 30 bis 40 Autos gestohlen.

Georg Schüßler nun, die »Sonne von Mexiko«, hatte die Konkurrenten überlebt und seine Strafe abgesessen. Nach dem Krieg eröffnete er ein Lokal in der Allerheiligenstraße. Als das Gasthaus zur »Sonne von Mexiko« eröffnet wurde, sah man unter den Ehrengästen Rechtsanwälte, einen Staatsanwalt, Polizeibeamte und städtische Prominenz. Auch Künstler ließen sich gern mit dem »Schüßler-Schorsch« sehen. Das Lokal lag freilich nicht in der allerfeinsten Gegend, und die Gäste waren auch nicht immer von der feinsten Art. Gelegentlich gab es Ärger. Doch daß Georg Schüßler manchem armen Sünder geholfen hat und dafür sorgte, daß die ermordete Prostituierte Gisela Wachau ein ordentliches Grab bekam, wurde ihm hoch angerechnet.

Bleibt das Fazit: Einbrecher gibt es heutzutage mehr denn je, aber Georg Schüßler war auf seine Art einmalig. Und das Wirtshaus in der Allerheiligenstraße hat noch seinen Namen. Klagen hört man nicht mehr. Die »Sonne von Mexiko« hat sich ihr eigenes Denkmal gesetzt.

Mord und Totschlag auf den Straßen

Die Nationalsozialisten entfalteten gestern abend in der Stadt wieder eine regere Tätigkeit.« So stand es in den »Frankfurter Neuesten Nachrichten« am Dienstag, 5. Juli 1932. »Mord und Totschlag auf den Straßen« hießen die Schlagzeilen in der Mitte des Jahres, in dem Rezession und Arbeitslosigkeit das Land erschütterten. Gemessen an anderen Städten, an Berlin und dem Ruhrgebiet, ging es in Frankfurt noch verhältnismäßig ruhig zu. Doch der Kampf zwischen den linken und den rechten Kräften um die Macht nahm auch hier auf den Straßen grausame Formen an.

Die Schießerei in der Langen Straße in der Nacht zum 5. Juli 1932 sollte Nachwirkungen haben, die sich bis in die düsteren Jahre nationalsozialistischer Herrschaft fortsetzte. Hier die »Neuesten Nachrichten«: »Allenthalben sah man größere und kleinere Trupps uniformierter SA- und SS-Leute in verschiedenen Stadtteilen. Kurz nach 23 Uhr kamen etwa 50 Nationalsozialisten in die Allerheiligenstraße. In der Nähe der Konstablerwache kam es zu schweren Zwischenfällen. Ein Teil zog dann durch die Lange Straße. Kommunisten und Reichsbannerleute kamen von der anderen Straßenseite her. Plötzlich fielen einige Schüsse. Zwei Nationalsozialisten wurden getroffen.«

Laut Polizeibericht wollten die drei Brüder Handwerk zu ihrer Wohnung im Städelshof, der von der

Der Städelshof an der Lange Straße, wo die Schießerei geschah, die mit dem Tod von Hans Handwerk endete, war in den dreißiger Jahren eine finstere Ecke. Nach Zerstörung und Wiederaufbau hat sich da nicht viel geändert.

Langen Straße abzweigt, gehen. Sie wurden von ihren Gegnern verfolgt. Eine Kugel traf Hans Handwerk ins Bein, eine andere in den Kopf. Einer seiner Brüder erhielt einen Steckschuß in den Oberschenkel. Hans Handwerk erlag kurz darauf im Heiliggeist-Hospital seinen Verletzungen. Die Frankfurter Nationalsozialisten hatten ihren »Märtyrer«. Nach der »Machtergreifung« wurde die altehrwürdige Lange Straße in »Hans-Handwerk-Straße« umbenannt. Erst nach dem Zusammenbruch des Dritten Reiches 1945 bekam sie wieder ihren alten Namen.

Nach dieser »Blutnacht« ging der Ärger in den Straßen erst richtig los. Die Nationalsozialisten wollten die Beerdigung Hans Handwerks auf dem Südfriedhof zu einer mächtigen Demonstration ihrer politischen Kraft umgestalten. Der Polizeipräsident sah heftige Ausschreitungen voraus und verbot den Aufmarsch der SA. Es sollte nicht viel nutzen.

Nach der Beisetzung sangen die in großer Zahl angetretenen SA-Leute das Horst-Wessel-Lied und setzten zugleich die Zeile »Die Straße frei den braunen Bataillonen . . .« in die Tat um. Polizeikräfte versuchten vergeblich, den Marsch durch die Innenstadt aufzuhalten. Die Kolonnen marschierten weiter bis zum Börsenplatz. Die Polizei rückte mit einer berittenen Abteilung an. Da gab der SA-Führer Adolf Heinrich Beckerle den Befehl: »SA hinlegen!« Die Polizeipferde blieben wie angewurzelt stehen. Bekkerle war Abgeordneter im preußischen Landtag. Noch am gleichen Tag wollte er zu einer Plenarsitzung nach Berlin fliegen. Als er auf dem Flugplatz

Rebstock die Ju 52 besteigen wollte, wurde er verhaftet.

Und so setzten sich die Tumulte von Frankfurt im Landtag in Berlin fort. Der Abgeordnete Roland Freisler verlangte die sofortige Freilassung Beckerles. Der Parlamentarier aus Frankfurt solle mit einem Sonderflugzeug nach Berlin gebracht werden. Außerdem solle der Frankfurter Polizeipräsident Ludwig Steinberg verhaftet werden. Die SPD-Fraktion protestierte lautstark, die nationalsozialistischen Abgeordneten sprangen mit erhobenen Fäusten von ihren Sitzen auf. Der Antrag auf Freilassung Beckerles wurde schließlich angenommen.

Die Kämpfe gingen weiter. Aus ganz Deutschland kamen die Schreckensnachrichten. Als im schlesischen Piotemka die SA-Leute, die einen kommunistischen Bergmann in seiner Wohnung gefoltert und getötet hatten, zum Tode verurteilt wurden, schickte ihnen Adolf Hitler ein Telegramm: »Meine Kameraden! Angesichts dieses ungeheuerlichen Bluturteils fühle ich mich mit euch in unbegrenzter Trauer verbunden. Eure Freiheit ist von diesem Augenblick an eine Frage unserer Ehre. Der Kampf gegen eine Regierung, in der so etwas möglich war, ist unsere Pflicht.«

In der Frankfurter Zeitung schrieb am 24. September 1932 Benno Reifenberg, einer der profiliertesten Publizisten in dieser Stadt: »Wer wird begreifen, daß der Führer einer großen politischen Bewegung so bedenkenlos den betroffenen Totschlägern noch eine Ehrenerklärung zu bieten wagt? Wer wird begreifen, daß eine Bewegung, die für sich in Anspruch nimmt, die Zukunft Deutschlands zu bestimmen, sich auf diese Weise gleichstellt mit Wesen, die so furchtbar der Menschenwürde abgeschworen haben? Wehe der deutschen Zukunft, die auf solche Dokumente wie dieses Hitler-Telegramm sich stützen soll!«

Vier Monate später war es soweit. Über die »Machtübernahme« am 31. Januar 1933 berichtete die Frankfurter Zeitung noch sehr zurückhaltend, aber die Gleichschaltung war nicht mehr aufzuhalten. Und jener Adolf Heinrich Beckerle, der die Einsätze der SA bei Demonstrationen und Überfällen geleitet hatte, wurde Polizeipräsident. Recht und Unrecht ließen sich nicht mehr voneinander unterscheiden.

In dem Kapitel »1933–1945. Justiz unter dem Regiment des Unrechts«, das im Buch »Ein Jahrhundert Frankfurter Justiz«, Band 27 der Studien zur Frankfurter Geschichte, erschienen ist, schreibt Jan Niemöller, Vorsitzender Richter am Landgericht Frankfurt a. D. und Mitglied des Rats der Evangelischen Kirche in Deutschland: »Wir Heutigen können nur mit beklommener Bestürzung zur Kenntnis nehmen, wie schnell und nahezu völlig widerstandslos die Justiz ihrer Funktion als Kontrollorgan beraubt wurde, wie sie sich gleichsam über Nacht der Exekutive unterordnen ließ.«

Das ist der Grund, weshalb wir auch in diesem Buch die zwölf Jahre des »Großdeutschen Reiches« überspringen. Nachrichten über Kriminalität in dieser Zeit sind nicht objektiv. Fälle wurden aufgebauscht, wenn es den Absichten der Regierenden genehm war, andere unterdrückt, weil sie dem Image des Staates hätten schaden können.

Darum kein weiteres Wort vom »Regiment des Unrechts.«

Der Amokläufer im Bahnhofsviertel

Schwarzmarkt 1946. Frankfurt war auf seine Weise schon in den ersten Jahren nach dem Ende des zerstörerischen Krieges ein Mittelpunkt. Die Stadt lag in Trümmern, die Versorgung war so gut wie zusammengebrochen, die Ordnungskräfte geschwächt. Die amerikanischen Besatzungsmächte waren die eigentlichen Herren. Sie hatten alles, was den Menschen, die hier lebten, fehlte. Vieles floß in die Kanäle des schwarzen Marktes. Frankfurt, Stadt der Mitte in der amerikanischen Besatzungszone, zog zwielichtige Gestalten an wie ein Magnet. »Klein Chicago« wurde die Stadt genannt.

Schon damals war das Bahnhofsviertel, wo die Zerstörungen nicht so groß waren wie in anderen Stadtteilen, das Zentrum dunkler Geschäfte und des Verbrechens. Hier, zwischen Moselstraße, Kaiserstraße und Kronprinzenstraße (heute Münchener Straße), war der Schauplatz eines blutigen Geschehens, wie es bis heute in Frankfurts Kriminalgeschichte einmalig geblieben ist. Ein Mann lief Amok, tötete vier Menschen und dann sich selbst.

In der »Alten Fischerstube«, so teilte ein anonymer Anrufer dem diensthabenden Beamten vom 15. Polizeirevier mit, sei ein größerer Schwarzhandel zugange. Das war am 12. Oktober 1946 um die Mittagszeit. Das Lokal galt als eine Zentrale für dunkle Geschäfte im Bahnhofsviertel, für die Beamten Otto Güths und Georg Stoll war der Kontrollgang eine

Schwarzmarkt in Frankfurt im Jahr 1946. Der »Weiße Traum«, ein
Fahrzeug der Polizei, wurde oft zum Alptraum der
Schwarzhändler. Wer sich nicht legitimieren konnte, wurde
zunächst einmal zum Polizeipräsidium gebracht.

Routinesache. In der Moselstraße kam ein Mann im Ledermantel auf sie zu und erkärte, in der Fischerstube seien zwei Männer, die eine ganze Aktentasche voll gestohlenem Schmuck bei sich hätten. Im Lokal kontrollierten die zwei Beamten die Ausweise. Der 24jährige Heinrich Balakirew zeigte einen polnischen Paß vor, der auf den Namen Schaffarczyk lautete, sein 18jähriger Begleiter hatte keinen gültigen Ausweis. »Mitkommen!« sagten die Beamten zu den beiden.

Was dann geschah, schildert der Berichterstatter der »Frankfurter Neuen Presse« in der Ausgabe vom 14. Oktober 1946 so: »Als die Beamten aus der Moselstraße in die Kronprinzenstraße einbogen, zog Balakirew plötzlich seine Pistole. In diesem Augenblick war es 12.20 Uhr. Und nun wickelte sich alles wie ein unheimlicher, herzerschreckender Film ab, zusammengepreßt in einen winzigen Zeitraum. Balakirew jagte dem Polizisten Stoll eine Kugel in den Leib, worauf dieser stöhnend in einen Laden flüchtete. Balakirew rannte ihm nach, und während die entsetzten Käufer und der Ladeninhaber sich hinter die Theke duckten, tötete er Stoll durch Kopfschuß. Dann drehte er sich der Straße zu und streckte mit einem weiteren Schuß den Lehrling Heinz Lehmann nieder, der gerade vom Rad gesprungen war. Der des Weges kommende Ladeschaffner Wilhelm Rieß, der sich auf den schießenden Verbrecher stürzte, erhielt einen Schuß durch den Schädel.

Gleichzeitig mit Balakirew hatte sein Begleiter Gerhard Kürschner einen Revolver gezogen, aber der

Polizist Otto Güths umfaßte den Oberkörper des 18jährigen. Er bekam von dem um sich schießenden Kürschner drei Schüsse in den Oberschenkel. Die Schmerzen zwangen ihn loszulassen, und der stürzende Kürschner schoß ihm noch eine Kugel in den Arm. In diesem Augenblick zog Balakirew eine zweite Waffe aus der Tasche und rannte, immer wild um sich schießend, durch die Moselstraße zurück, Kürschner hielt sich hinter ihm. Der Arbeiter Alwin Werner, an dem die wilde, schießende Jagd vorüberraste, erlitt vor Schreck einen Herzschlag. Die Verbrecher rasten die Kaiserstraße hinauf, dem Hauptbahnhof zu. Sie fanden den Weg versperrt, drehten um und rannten an der ›Fischerstube‹ vorbei zur Taunusstraße hin. Ehe sie diese erreichten, wurden sie gestellt. Balakirew hatte noch Zeit, sich eine Kugel durch den Kopf zu jagen . . .«

Der Tod des Arbeiters Alwin Werner, von dem angenommen worden war, er sei vor Schreck einem Herzschlag erlegen, gab zwei Tage später der Gerichtsmedizin ein Rätsel auf. Der Mann war erschossen worden wie die drei anderen Opfer auch. Sein Körper zeigte jedoch keine Einschußstelle, sein Hemd und die übrige Bekleidung waren nicht blutbefleckt. Aber eine Kugel hatte seine Brust durchschlagen. Die Mediziner erklärten es sich so, daß sich die Haut durch eine Drehung des Körpers in dem Augenblick, als die Kugel eindrang, sofort wieder geschlossen hatte.

Die Vernehmung des 18jährigen Gerhard Kürschner zeitigte die typischen Merkmale krimineller Existenzen, wie sie nur die Nachkriegszeit mit ihren Trümmern und Nöten, dem Schwarzmarkt und der Anarchie hervorbringen konnte. Balakirew und sein Freund waren die typische Paarung des Verbrechers und seines folgsamen Lehrlings. Die Eltern des Jungen lebten in Magdeburg. Er besuchte die Mittelschule, sollte Kaufmann werden. In den letzten Kriegsmonaten brach er in ein Zigarettengeschäft ein und wurde verhaftet. Das Kriegsende rettete ihn vor einer Bestrafung. In Magdeburg lernte er Heinrich Balakirew kennen.

Dieser Mann stammte aus Duisburg. Sein Vater soll Russe gewesen sein. In der englischen Besatzungszone sollen schon einige Raubüberfälle und auch Morde auf das Konto des 24jährigen gekommen sein. Balakirew lockte den jungen Freund mit der Aussicht auf viel Geld. Er plante einen Juwelenraub in Magdeburg. Beide schafften sich Pistolen an, drangen in die Wohnung eines Juwelenhändlers ein, gaben sich als Kriminalbeamte aus, beschlagnahmten 15 000 Mark in bar und Schmuck im Wert von 200 000 Mark. Am nächsten Tag schon gingen sie bei Eisenach schwarz über die Zonengrenze und zogen weiter nach Frankfurt. Im Bahnhofsviertel lernten sie einen Mann kennen, der ihnen für 3000 Mark falsche Papiere besorgen wollte. Man verabredete sich auf Samstagmittag, zwölf Uhr, in der »Fischerstube«. Der Mann im Ledermantel, der die Polizei auf die Spur führte, wurde nie gefunden. Er mußte wohl mit einem Zimmervermieter in Verbindung gestanden haben, in dessen Räumen 23 000 Mark in bar und fast alle

Schmuckstücke aus dem Raub von Magdeburg gefunden wurden.

Gerhard Kürschner kam in Untersuchungshaft, aus der er im August 1947 floh. Wie so viele gescheiterte Existenzen jener Zeit wollte er sich für die französische Fremdenlegion anwerben lassen, was ihm nicht gelang. In der Nähe von Koblenz wurde er im Oktober gefaßt. In der Schwurgerichtsverhandlung – es war die erste nach dem Krieg in Frankfurt – erzählte er, wie er in einer Sturmboot-Einheit der Hitlerjugend zum Draufgängertum und zum blinden Gehorsam erzogen worden war. Er habe sich Balakirew völlig unterworfen. Der Staatsanwalt beantragte lebenslang. Das Gericht beließ es nach zehnstündiger Beratung bei fünf Jahren Zuchthaus – wegen versuchten Totschlags an dem Polizeiwachtmeister Otto Güths.

Die Käslies
starb im Knusperhäuschen

Am 15. März 1948 verurteilte ein Frankfurter Schwurgericht drei junge Männer zum Tode. Der älteste war 24 Jahre alt, die beiden anderen 22 und 21 Jahre. Ein 19jähriger erhielt eine lebenslange Zuchthausstrafe. Drei junge Frauen – 24, 22, und 18 Jahre alt – die Zeuginnen der Tat waren, erhielten Gefängnisstrafen. Die vier jungen Männer haben, wie es im Urteil hieß, die 70jährige Frieda Weicker heimtückisch ermordet. Sie vermuteten, daß in ihrem Haus viel Geld zu finden sein würde.

Die Todesurteile wurden nicht vollstreckt und in Haftstrafen umgewandelt. Die Tat war am 22. Januar 1948 geschehen, ein knappes halbes Jahr vor der Währungsreform, mit der sich alles veränderte und auch der schwarze Markt mit allen seinen kriminellen Nebenerscheinungen allmählich von der Bildfläche verschwand. Schon gab es heftige Diskussionen um die Abschaffung der Todesstrafe in einer künftigen Bundesrepublik, an deren Verfassung der Parlamentarische Rat noch im Jahr 1948 zu arbeiten begann. Im Grundgesetz hieß es dann: »Die Todesstrafe ist abgeschafft.«

»Knusperhäuschen« nannten die Sachsenhäuser den kleinen Fachwerkbau, der vom Verfall bedroht war und in der Dreikönigstraße 31 etwas abseits in einem Winkel stand. Der Name deutete darauf hin, daß die Nachbarn in der Bewohnerin etwas Hexenar-

Das »Knusperhäuschen« 1946.

tiges sahen. Madlen Lorei, die damals als Polizeireporterin den Fall bearbeitet hatte, schildert in dem Buch »Frankfurt und die drei wilden Jahre« das Innere des Hauses: »Die winzigen Stuben waren im Schmutz vieler Jahre erstarrt. Die Zimmer waren mit invaliden Möbeln vollgepfropft. In den goldenen Verzierungen der schon lang erblindeten Biedermeierspiegel nisteten fette Spinnen, die ihre Netze ungestört über zerschlissene, einst gold und lichtblau schimmernde Tapeten und unter die bröckelnden Zimmerdecken wahre Wolken von Vorhängen gesponnen hatten.«

Hier also hauste die »Käslies«. Ihr Spitzname stammte noch aus einer Zeit, in der sie eine Käsehandlung betrieb. Auch soll sie in früheren Jahren Quark für Konditoreien hergestellt haben, was ihr aber von Amts wegen verboten wurde. Später vermietete sie ihre Betten an Mainschiffer, die meist nur für eine Nacht blieben. Es gab bisweilen Krawalle, wenn die betrunkenen Männer randalierten oder nicht bezahlen wollten. Die Frau setzte sie einfach vor die Tür. In den Jahren nach dem Krieg nahm sie andere Gäste auf. Dunkle Gestalten, die meist aus dem Bahnhofsviertel den Weg nach Sachsenhausen fanden. Hier waren sie einigermaßen sicher, denn von der vorgeschriebenen polizeilichen Anmeldung der Gäste hielt die Frau nichts. Hauptsache, sie bekam von jedem 20 Mark für die Übernachtung. Ihre letzten Gäste sollten ihre Mörder sein.

Über ihre Art zu leben erzählte später vor Gericht die jüngste der Angeklagten, die damals 17 Jahre alt war: »Wir standen immer gegen halb zehn Uhr auf, gingen in ein Café, die Männer zum Schwarzhandel. Nachmittags Kino oder Zoo oder sonstwohin. Abends waren wir dann alle ganz vergnügt zusammen im Knusperhäuschen.«

Bei solchen Gelegenheiten erzählte die »Käslies« ihren Gästen, sie besitze sehr viel Geld. Die Männer vermuteten es im Haus, irgendwo versteckt.

An einem Tag gerieten zwei der jungen Männer in eine Razzia, die Polizei nahm ihnen alles Geld ab. Der älteste von ihnen, ein gelernter Metzger, der schon eine stattliche Vorstrafenliste wegen Diebstahls, Einbruchs und Urkundenfälschung aufweisen konnte, kam als erster auf die Idee, man könne die Frau umbringen und anschließend das Haus in aller Ruhe durchsuchen. Der Jüngste solle die Frau erschlagen. Er war 19, kam aus Hamburg, hatte als Schiffsjunge gearbeitet, wurde arbeitslos, wollte zur französischen Fremdenlegion. In Frankfurt blieb er hängen. Er wollte den drei Älteren beweisen, was für ein Kerl er war. »Ich lege sie um«, sagte er.

Als die Frau abends erschien, um das Schlafgeld abzukassieren, schlug der 19jährige mit einer Bierflasche, die mit Wasser gefüllt war, dreimal zu. Die Frau fiel bewußtlos zu Boden, aber sie lebte. Der Anstifter vollendete den Totschlag. Die Beute war armselig: 208 Mark und Barschecks. Später fanden die Räuber noch ein Sparbuch über 22 000 Mark. Zeugen gab es keine.

Die jüngste der Bewohnerinnen des Knusperhäuschens, mit 17 Jahren fast noch ein Kind, brachte die Sache an den Tag. Das Mädchen, das bei der Großmutter aufgewachsen war, hatte gelegentlich wegen Herumbummelns mit der Polizei zu tun, im Bahnhofsbunker hatte es die Adresse vom »Knusperhäuschen« erfahren. Am Tag nach dem Mord geriet es in eine Razzia, hatte keine Papiere dabei, wurde festgenommen. Wohl um für sich selbst bessere Bedingungen herausschlagen zu können, erzählte es der Polizei: »Ich weiß etwas von einem Mord.« Beamte der Mordkommission fuhren mit dem Mädchen zum »Knusperhäuschen« und fanden die tote Frau.

Das Mädchen packte aus. Es erzählte, daß sich die sieben jungen Leute am Abend in Hanau treffen wollten, um sich dann für immer zu trennen. Vier Kriminalbeamte, als harmlose Reisende gekleidet, folgen der 17jährigen in den Wartesaal des Hanauer Bahnhofs. Die Verhaftung von allen sieben war eine Sache von Sekunden.

Das »Knusperhäuschen« stand lange leer und verfiel immer mehr. Bis Experten herausfanden, daß es das älteste Fachwerkhaus in dieser Stadt sei. Das Gebälk stamme aus dem Jahr 1291. Das Haus wurde von der Frankfurter Aufbau AG hergerichtet, ist strahlend weiß gekalkt und ein Kleinod in Sachsenhausen. Auch seine alte Adresse erhielt es wieder: Schellgasse 8. Der Galerist, Schriftsteller und Musikwissenschaftler Hans-Martin Köhler zog ein, brachte eine Menge Ideen mit und wollte das Haus mit einem »Skulpturengarten« umgeben. Schließlich geriet er in Schwierigkeiten mit den Mietzahlungen, doch Frankfurter Bürger sorgten mit ideeller und materieller Hilfe dafür, daß die kleine Galerie erhalten blieb.

Streng bewacht in der Anklagebank vor einem Frankfurter
Schwurgericht: Karl Heinz Maikranz (links), Rudolf Kirchner
(Mitte) und Johannes Maiß (rechts). Wegen Mordes und
Bankraubs wurden die drei Bockenheimer zu lebenslanger Haft
verurteilt.

Ganz Frankfurt auf der Suche nach den Raubmördern

Eine ganze Stadt sucht die Raubmörder von Bockenheim. – Zwei Tote und ein Verletzter bei dem Überfall auf eine Bankfiliale. – Ein angeschossener Räuber ist gefaßt. – Debatten über die Todesstrafe.« In ihren Ausgaben vom Montag, 18. August 1952, waren die Zeitungen voll mit Berichten über das, was am Samstag vorher geschehen war: »Der erste und gleichzeitig frechste Bankraub, den die Kriminalgeschichte von Frankfurt jemals verzeichnen konnte.« Im Stadtteil Bockenheim, wo die Tat geschehen war – ausgeführt von jungen Männern, die hier aufgewachsen waren und lebten –, war die Erregung besonders groß. Man redete sich die Köpfe heiß über die Todesstrafe, die erst vier Jahre vorher abgeschafft worden war. »Gleich aufhängen!« und »Totschlagen!« wurden zu gängigen Schlagworten.

Am Samstag, 16. August 1952, als die Bahnhofsuhr auf 12.07 Uhr zeigte, geschah am Kurfürstenplatz dies: Vor der Filiale der Deutschen Effekten- und Wechselbank fuhr ein brauner Volkswagen vor. Drei maskierte Männer sprangen heraus und stürmten in die Schalterhalle der Bank. Der Bankangestellte Karl Wagner, der sich allein im Raum befand, rief laut um Hilfe. Aus dem hinteren Zimmer kamen der Kassierer Ernst Wahl und der Kassenbote Ludwig Zeller. Der eine Bankräuber fing sofort zu schießen an. Der Kassierer Wahl wurde tödlich getroffen, der schwerverletzte Kassenbote Zeller schleppte sich noch in den Hof, wo er zusammenbrach und starb. Der Prokurist Karl Wagner wurde durch einen Bauchschuß verletzt.

Rudolf Kirchner, einer der drei Bankräuber, der als »Kassierer« ausersehen war, griff in die Kasse, übersah aber in dem Tumult eine stählerne Geldkassette, in der sich 40 000 Mark befanden. Er stopfte lediglich eine Aktenmappe mit Banknoten voll. Kirchner selbst geriet in den Kugelregen seiner Freunde, fing sich einen Schuß in die Lunge und einen in den Oberarm ein. Bei der Flucht ließ Kirchner auch noch die Aktentasche mit 2000 Mark liegen. Die drei Räuber steckten nur ein paar umherliegende Scheine in die Tasche. Es waren etwas über 900 Mark.

Während dies in der Schalterhalle geschah, versuchte im ersten Stock des Hauses eine Bankangestellte, die Polizei anzurufen. Die Verbindung kam nicht zustande. Die drei Männer, die sich Nylonstrümpfe mit Sehschlitzen über die Köpfe gezogen hatten, sprangen durch ein Fenster der Schalterhalle und erreichten unbehelligt den Volkswagen. Sie flohen in Richtung Ginnheimer Höhe. Wenig später konnte die Polizei – von einem Bürger alarmiert, der zunächst selbst die Verfolgung mit dem Auto aufgenommen hatte – Rudolf Kirchner auf einem Kleingartengelände festnehmen.

Seine beiden Komplizen hießen Johannes Maiß und Karl Heinz Maikranz. »Die drei waren unzertrennlich«, erzählten nachher die Bockenheimer, die mit den Familienverhältnissen der Bankräuber vertraut waren. Kirchner wurde »Blondie« genannt, Maiß war der »Dicke« und Maikranz das »Baby«. Er war erst 24 Jahre alt, die beiden anderen 28. Der Jüngste hatte die tödlichen Schüsse abgegeben. Aus der Pistole, die Maiß mit sich führte, wurde nur einmal geschossen, Kirchner war unbewaffnet.

»Der Maiß«, so erzählten sich die Leute in Bockenheim auf der Straße, »hat bis vor zwei Monaten in der Normalzeit gearbeitet.« Er kannte sich aus mit der Alarmanlage der Bank und wie man mit ihr umgeht. Seine Mutter war eine Lehrerswitwe, seine beiden Schwestern hatten gutbezahlte Stellungen bei den Amerikanern. Maikranz hatte bei seinem Großvater das Schreinerhandwerk gelernt und sollte dessen Werkstatt übernehmen. Zehn Tage vor der Tat hatte er geheiratet. Kirchner galt nach Aussagen seiner Arbeitskollegen als ein unruhiger Typ. Er erzählte gern phantastische Geschichten, blieb auch tagelang von seinem Arbeitsplatz in einem Armaturenwerk fern. Gewaltverbrechen aber hätten die Bockenheimer allen dreien nicht zugetraut.

Nach dem Überfall fuhren die drei zunächst auf die Ginnheimer Höhe, wo die Familie Maikranz einen Kleingarten besaß. In der Laube berieten sie, wie es weitergehen solle. Der verletzte Kirchner war den beiden anderen ein Klotz am Bein. Maikranz soll vorgeschlagen haben, den Komplizen umzulegen. Maiß soll abgewehrt haben:

»Kommt nicht in Frage!« Maiß und Maikranz flüchteten zu Fuß weiter und ließen den schwerverletzten Freund zurück. Der Polizeihund »Prinz« stellte ihn. Kirchners erste Worte, als er festgenommen wurde: »Ich habe nicht geschossen!«

An diesem Samstagnachmittag war ganz Frankfurt in Aufruhr. Der Rundfunk rief die Bevölkerung auf, sich an der Mördersuche zu beteiligen. In Scharen durchstreiften Bürger die Kleingartenanlagen der Stadt. Straßensperren waren überall, alle Volkswagen wurden überprüft, junge Ausflügler streng kontrolliert. Kirchner hatte bei der ersten Vernehmung gesagt, das Trio habe bei der Vorplanung zum Überfall bereits das mögliche Scheitern einbezogen. In einem solchen Fall hätten sie flüchten und sich bei der Fremdenlegion melden wollen.

Während ganz Frankfurt nach ihnen suchte, hatten sich Maiß und Maikranz – inzwischen in anderer Kleidung, die sie unter Mänteln, Jacken und Hosen schon angehabt hatten – ganz gemächlich abgesetzt, waren sogar noch einmal am Tatort vorbeigekommen, waren mit der Straßenbahn zum Hauptbahnhof gefahren, hatten zwei Fahrkarten nach Mannheim gelöst und waren mit dem Eilzug um 14.10 Uhr abgefahren. Im Bahnhof hatte die Fahndung noch nicht eingesetzt.

In Mannheim kam der Zug gegen 16 Uhr an. Die beiden Flüchtigen kleideten sich in einem Konfektionshaus neu ein, schlugen sich dann, vermutlich per Anhalter, nach Landau und schließlich nach Offenburg durch. Sie wollten zur Werbestelle für die Fremdenlegion, die aber schon geschlossen war. Sie blieben über Nacht, fuhren am nächsten Morgen mit dem

Taxi nach Kehl. Durch einen Stracheldraht krochen sie auf französisches Gebiet. In Straßburg schließlich konnten sie sich in die Meldeliste für die Fremdenlegion eintragen. In einer Kaserne bekamen sie einen Schlafplatz zugewiesen. Von anderen Bewerbern erfuhren sie, daß sie am nächsten Tag einen Fragebogen ausfüllen müßten. Sie hatten sich unter falschen Namen eingetragen und bekamen nun Angst, die Sache würde auffliegen. Sie flüchteten erneut.

Bis zur Stadt Besançon nahe der Schweizer Grenze schlugen sie sich durch. In Mühlhausen schon sahen die beiden ihre Fotos auf den Titelseiten französischer Zeitungen. Auch in Frankreich wurde nach ihnen gefahndet. In Besançon saßen sie in einem Café und wußten nicht mehr weiter. Johannes Maiß hatte plötzlich das Bedürfnis, in die Kirche zu gehen, Karl Heinz Maikranz nahm einen anderen Weg. Er ging zur Polizeipräfektur und versuchte, dem diensthabenden Kommissar mit Zeichen klarzumachen, daß er und sein Freund die Todesschützen aus Frankfurt seien. Sie kamen hinter Schloß und Riegel und legten ein umfassendes Geständnis ab. Zusammen besaßen sie noch etwa 150 Mark, zum Teil in französischer Währung.

Die französische Polizei informierte die Frankfurter Behörden, Kriminalrat Kalk reiste nach Besançon zu einer ersten Vernehmung. Nach seiner Rückkehr erklärte er: »Der Fall liegt so klar, daß wir nach der Auslieferung in wenigen Tagen unsere Ermittlungen abschließen und die Akten der Staatsanwaltschaft übergeben können.« Zunächst aber verlangten die

Franzosen ihr Recht. Maiß und Maikranz wurden wegen illegalen Grenzübertritts zu zwei Monaten Haft verurteilt, die sie in Besançon absitzen mußten. Im November wurden sie ausgeliefert.

In Frankfurt wurde der Fall Maiß–Maikranz wieder verstärkt zum Tagesgespräch. Zum Lokaltermin wenige Tage vor Weihnachten wurde der Kurfürstenplatz in Bockenheim weiträumig abgesperrt. Mit den drei Tätern wurde der Überfall bis ins kleinste Detail rekonstruiert. Die zwei Pistolen, so erklärte Maiß, habe er auf dem schwarzen Markt für 60 Mark gekauft. Im Wagen, den er gefahren habe, habe er sie durchgeladen. »Es ging auf Leben und Tod«, gestanden Maiß und Maikranz. Kirchner wollte dies nicht wahrhaben. Die Schußwaffen habe man nur zur Bedrohung des Personals mitgenommen.

Am 5. Mai 1953 verkündete der Vorsitzende des Frankfurter Schwurgerichts, Landgerichtsdirektor Timm, das Urteil: »Es werden verurteilt die Angeklagten Rudolf Kirchner, Johannes Maiß und Karl Heinz Maikranz wegen gemeinsam begangenen Mordes in zwei Fällen in Tateinheit mit einem besonders schweren Raub und außerdem wegen eines versuchten weiteren schweren Raubes zu lebenslangem Zuchthaus. Auch werden allen drei Angeklagten die bürgerlichen Ehrenrechte auf Lebenszeit aberkannt.«

Die Angeklagten hatten bereits vor den Raubmorden in Bockenheim einen bewaffneten Überfall auf eine Bank in Kronberg versucht, wurden aber gestört und mußten flüchten. In der Urteilsbegründung wurde allen dreien eine heftige kriminelle Aktivität

184

bescheinigt, wobei keinerlei Notlage die Triebfeder hätte sein können. Alle drei hätten vor Gericht geäußert, daß sie von Geld geradezu »berauscht« gewesen seien. Damit habe sich bei ihnen die Formulierung des Paragraphen 21 im Strafgesetzbuch bestätigt, der lautet: »Mörder ist, wer aus Habgier tötet oder wer dadurch eine andere Straftat ermöglichen will.«

Ein fröhliches Mädchen von 16 Jahren war Gertrud »Änny«
Müller, als sie ihrem Mörder in die Hände fiel.

Gertrud Müller: Keiner weiß, wie es geschah

Noch nie gab es bei uns einen so geheimnisvollen Mord.« Das war eine von vielen Schlagzeilen in den letzten Apriltagen 1956. Der Satz gilt noch heute.

Die erste Meldung über das Verbrechen stand am Samstag, 21. April, unter dem Titel »Mord bei Darmstadt« in den Zeitungen: »Im Wald bei Darmstadt wurde am Freitag (20. April) die unbekleidete Leiche eines jungen Mädchens gefunden. Das Opfer ist die 16jährige Gertrud Müller aus Frankfurt-Eckenheim. Der unbekannte Mörder hat das Mädchen durch einen Stich in den Hals getötet.« Großfahndungen, Aufrufe an die Bevölkerung – 1000 Mark Belohnung waren für brauchbare Hinweise ausgesetzt – brachten nicht den geringsten Hinweis auf den Mörder, nicht einmal auf den Tatort. Alle Spuren verliefen im Nichts. Der Mord an einem jungen Menschen, unbegreiflich in seiner Grausamkeit, blieb ungesühnt.

Dies waren die ersten Mitteilungen, die von der Polizei in Darmstadt herausgegeben wurden: Beim morgendlichen Streifengang durch den Wald sah ein Förster zwanzig Meter neben der Kreuzung Salzlachschneise und Dammschneise die Leiche des Mädchens auf dem Waldboden liegen. Sie war flüchtig mit einigen Kiefernzweigen bedeckt. Über dem rechten Auge war der Schädel eingeschlagen, ein tiefer Schnitt durch die Kehle bis an den Halswirbel hatte fast den

Kopf vom Rumpf getrennt. Das Mädchen war nur mit Strümpfen bekleidet.

Gertrud Müller wurde nicht im Wald ermordet. Am Fundort der Leiche waren weder eine Blutlache noch Spuren eines Kampfes zu entdecken. Selbst auf dem Schal, den der Mörder in die Halswunde gestopft hatte, waren keine Blutspuren. Der Amtsarzt bescheinigte: Der Körper des Mädchens war schon völlig ausgeblutet, als er in den Wald gefahren wurde. Der Mord müsse in einem geschlossenen Raum geschehen sein. Die gerichtsärztliche Untersuchung ergab, daß der Tod durch Verbluten als Folge des Halsschnittes eingetreten ist. Die Polizei glaubte, daß die Tat in einer Garage, einem abgelegenen Haus oder einer Jagdhütte hätte geschehen können, auch ein Hotel als Tatort wurde in Erwägung gezogen. Erste Fahndungen gingen in diese Richtung.

Gertrud Müller, die von den Verwandten, Freunden und Kolleginnen »Änny« gerufen wurde, lebte bei ihren Eltern im Frankfurter Vorort Eckenheim und war in einem Friseursalon des Westends im dritten Lehrjahr. Bereits in ersten Berichten war die Rede davon, daß sie, wie sie einer Kollegin anvertraut hatte, am Donnerstag, dem 19. April, mittags bei einem Botengang in der Kaiserstraße einen Mann mit Auto kennengelernt habe, mit dem sie sich noch am gleichen Abend treffen wollte. In der folgenden Nacht kam sie nicht nach Hause. Die besorgten Eltern riefen am nächsten Morgen im Friseursalon an, doch dort wußte man nichts. Sie gingen zur Polizei, bekamen aber den Bescheid, daß Vermißtenmeldungen erst nach 24 Stunden angenommen werden. Am Morgen darauf wurde es dann zur Gewißheit: »Änny« war tot.

Die Meldungen über den sensationellen Mordfall überschlugen sich. In einer Pressekonferenz der Darmstädter Polizei war die Rede davon, daß Gertrud Müller ausgesehen habe wie eine Zwanzigjährige, daß sie gern mit Männerbekanntschaften geprahlt und ein starkes Geltungsbedürfnis gehabt habe. Der Brief eines Rechtsanwaltes, der mit der Familie befreundet war, zeugte von der Erschütterung, mit der Eltern und Verwandte solche Berichte aufgenommen haben. Gertrud Müller lebte in einer gutbürgerlichen Familie, hieß es da. Sie sei immer mit ihren zwei Schwestern zusammengewesen. Ihren Eltern gegenüber sei sie stets aufrichtig gewesen, habe ein zurückhaltendes Wesen gezeigt und sei nie über Nacht ausgeblieben. Nie habe sie Abenteuer gesucht, Einladungen habe sie abgelehnt. Sie sei noch recht kindlich gewesen, etwas schüchtern und verschlossen. Die freundschaftlichen Beziehungen zu einem Eckenheimer Jungen seien von der Familie ausdrücklich gebilligt worden. Was bei allen Ermittlungen nie in Zweifel gezogen werden konnte: »Änny« Müller war ein ganz normales Mädchen aus gutbürgerlichem Haus.

Auch darüber, daß sie sich am 13. April für die Vorwahl zur Miß Frankfurt bewerben wollte, waren Eltern und Schwestern informiert. Eine Kundin des Frisiersalons – damals eine bekannte Sopranistin an der Frankfurter Oper – hatte ihr empfohlen, sich zu bewerben, weil dies ihrer Laufbahn im Beruf dienlich sein könne. Die Sängerin war selbst in der Jury. Die ältere Schwester wollte Änny zur Vorwahl begleiten, erfuhr aber, daß die Öffentlichkeit nicht zugelassen war. Die junge Friseuse durfte freilich an der Wahl auch nicht teilnehmen. Sie war noch keine 18 Jahre alt. An diesem Abend kam sie erst nach Mitternacht nach Hause. Sie sei im Kino gewesen, erzählte sie. Ob sie an diesem 13. April bereits einen Mann kennenlernte, weiß niemand. Bei den Wahlen im Jahr 1956 wurde übrigens Uschi Siebert »Miß Frankfurt«, die später lange Zeit Joachim Kulenkampffs Fernseh-Assistentin war.

Richard Kirn schrieb in der Frankfurter Neuen Presse: »Die Kriminalpolizei hat es unheimlich schwer ... Der Mörder ist ein Wolf, ein Vampir, wie Sie wollen, man muß ihn fangen, erschlagen am liebsten. Alles schreit nach Vergeltung – nur eben: Mit dem Aufschrei ›Warum habt ihr ihn noch nicht?‹ ist wenig getan.«

Eine Sonderkommission, bestehend aus Darmstädter und Frankfurter Kriminalbeamten, wurde gebildet. Sie gingen jedem Hinweis aus der Bevölkerung nach. Doch brauchbar waren zunächst nur die Aussagen der Chefin von Gertrud Müller im Friseursalon und einer älteren Kollegin. Die Inhaberin des Salons wußte nur Gutes über die zurückhaltende Art, die Zuverlässigkeit und den Fleiß ihres Lehrlings zu berichten. Doch wunderte sie sich, als Änny von einem Botengang lange nicht zurückkehrte. Sie habe das Mädchen um 12 Uhr zu einer Kollegin in der Weserstraße geschickt. Als Änny erst nach 15 Uhr zurückgekommen sei, habe sie erklärt, ihr sei schlecht geworden, sie habe auf einer Bank in den Anlagen gesessen.

Gegen 17 Uhr verließ Gertrud Müller mit der Kollegin das Geschäft. Sie gingen gemeinsam zur Straßenbahnhaltestelle. Die Kollegin äußerte Zweifel daran, daß das Mädchen nur so lange ausgeblieben war, weil ihm schlecht geworden war. Änny zeigte sich etwas verärgert, erzählte aber dann doch diese Geschichte: Am Vormittag habe sie bei ihrer Besorgung die Bekanntschaft eines Mannes gemacht. Neben ihr am Straßenrand habe ein Wagen angehalten, der Fahrer habe sie gefragt, wo es zum nächsten Polizeirevier gehe, denn er habe in einer Telefonzelle seine Brieftasche liegen gelassen und nicht wiedergefunden. Der Mann sei in Begleitung einer Frau gewesen, die er als seine Schwester vorgestellt habe. Die beiden hätten erzählt, daß sie neu nach Frankfurt gezogen wären und noch in einem Hotel am Hauptbahnhof wohnten. Sie hätten Änny gebeten, ihnen doch etwas vom Frankfurter Nachtleben zu zeigen. Gertrud Müller stieg nicht, wie sonst üblich, in die Straßenbahn der Linie 13, die nach Eckenheim fuhr, sondern nahm den Weg in Richtung Hauptbahnhof.

Das war alles, woran sich die Polizei halten konnte. Am 16. Mai, vier Wochen nach der Tat, wurde die Belohnung von 2000 auf 5000 Mark erhöht. Hunderte von Hinweisen waren inzwischen aus der Bevölkerung gekommen. Die Sonderkommission der Polizei filterte 341 Spuren heraus, ging ihnen sorgfältig nach. Alles ohne Erfolg. Richard Kirn schrieb: »Es wird ein glücklicher Tag sein für die ganze Bevölkerung der Landschaft Frankfurt, wenn die stählernen Schellen um die Handgelenke dieses Mörders zusammenknacken.« Es gab ihn nicht, diesen glücklichen Tag.

»Das Mädchen Rosemarie« –
ein öffentlicher Fall

Der Abend des 1. November 1957 wird dem diensthabenden Redakteur, der im Büro in der Schillerstraße den Schlußdienst der Lokalredaktion übernommen hatte, unvergeßlich bleiben. Ein kurzer Anruf kam von der Polizei: »Mord in der Stiftstraße 36.« Das war nur ein paar Schritte von der Redaktion entfernt, im Haus des »Turmpalastes« neben dem Eschenheimer Turm. Der Redakteur ging hin. Schon im Treppenhaus sagte ein Kollege: »Es ist die Rosie.« – »Wer?« – »Die mit dem Mercedes.« Mehr brauchte er nicht zu sagen. Am nächsten Morgen waren die Zeitungen voll davon. Frankfurt hatte seinen »Fall Nitribitt«.

Es war wie ein Ventil. Nicht das grausame Ende der 24jährigen Rosemarie Nitribitt, die in ihrem Appartement drei Tage lang, von ihrem Pudel bewacht, gelegen hatte, war das Thema des Tages, sondern ihr Leben. Der Tod der jungen Frau löste die Zungen, Tabus wurden gebrochen, »Nitribitt-Witze« gingen von Mund zu Mund. Die fünfziger Jahre dieses Jahrhunderts waren geprägt von starren Moralbegriffen, die man später nur noch als »Prüderie« bezeichnen konnte. Filme wie »Die Sünderin«, ein harmloses Prostituierten-Melodram, wurden so verteufelt, daß das neugierige Publikum schließlich in Scharen hinströmte. »Erotische« Darstellungen in Wort, Bild oder Film waren tabu, wurden mit hohen Strafen belegt. Viele Bürger

Gepflegt und stets nach der letzten Mode gekleidet, so kannten die
Frankfurter Rosemarie Nitribitt. Im Film »Das Mädchen
Rosemarie« wurden Szenen aus ihrem Leben »vor Ort« gedreht.
In den Verdacht, der Mörder der Nitribitt zu sein, geriet Heinz
Pohlmann. In einem Sensationsprozeß sprach ihn ein Frankfurter
Gericht frei.

wußten noch gar nicht, was ein »Callgirl« war. Das Wort von der Luxusdirne setzte sich durch. Das war etwas Neues.

Den Tatablauf, für den es keinen Zeugen gab außer dem Mörder selbst, rekonstruierte ein Gerichtssachverständiger so: »Rosemarie, die mit einem grauen Kostüm bekleidet war, wurde in dem Augenblick von ihrem Mörder überfallen, als sie zum Telefon greifen wollte, dabei erhielt sie einen Schlag auf den Hinterkopf oder wurde mit dem Kopf auf eine Sessellehne aufgeschlagen. Sie verlor zunächst das Bewußtsein, wurde aber dann – nach heftiger Gegenwehr – von hinten erwürgt. Dabei fiel sie vor die Couch, wo sie später gefunden wurde.«

Wer war der Mörder? Die Staatsanwaltschaft schrieb zunächst eine Belohnung von 3000 Mark aus, die später auf 5000 Mark erhöht wurde. Wie bei fast allen Tötungsdelikten, deren Opfer Prostituierte sind, gab es zunächst nur eine Antwort: Jeder Freier kann es gewesen sein. Doch nicht die Angst, unter Mordverdacht zu geraten, bereitete manchem Kunden der Frau in Frankfurts Stiftstraße schlaflose Nächte, sondern die Angst um den guten Ruf. Rosemarie Nitribitt bewahrte gern Visitenkarten auf und führte ein Adreßbüchlein mit Telefonnummern. In diesem prüden Jahrzehnt konnte es manchen Politiker oder Geschäftsmann Stellung und Ansehen kosten, wenn sein Name im Zusammenhang mit der »Luxusdirne« genannt wurde. Im Prozeß gegen den Handelsvertreter Heinz Pohlmann kam da manches zur Sprache.

Rosemarie Nitribitt kam aus Düsseldorf. Als

18jährige tauchte sie zum ersten Mal in Frankfurt auf, ab 1953 blieb sie in der Stadt, begann ihre Karriere als Tischdame, lernte einen reichen Mann aus Istanbul kennen, der ihr auch zu ihrem ersten Auto verhalf. Ein anderer Konzernherr hat sie wohl später finanziell unterstützt, sein Foto stand im Silberrahmen über ihrer Hausbar. Im Frühjahr 1956 bezog sie die elegante Zweizimmerwohnung in der Innenstadt, kaufte sich ein Mercedes-Coupé 190 SL, damals der Inbegriff der sportlichen Luxuskarosse. Das Image der »Lebedame« war perfekt. Als sie starb, wurde ihr Vermögen auf 110 000 Mark geschätzt.

Es war noch kein Jahr nach ihrem Tod vergangen, da wurde »Das Mädchen Rosemarie« zum deutschen Allgemeingut. Im Sommer 1958 bereits drehte Rolf Thiele unter diesem Titel einen Film mit Nadja Tiller in der Hauptrolle. In Frankfurt wurde an den Originalschauplätzen gedreht, die Geschichte wie eine Moritat, garniert mit Songs à la Bert Brecht, erzählt. Ein Journalist riet: »Geht nicht hinein, liebe Leute!« Vergebens.

Ein gewisser Heinz Pohlmann, von Beruf glückloser Handelsvertreter, meldete sich kurz nach Bekanntwerden des Mordes bei der Polizei und erklärte, er habe Rosemarie Nitribitt gut gekannt und sei am Tag der Tat – Gutachter hatten sich inzwischen auf den 29. Oktober 1957 zwischen 15.30 und 16.20 Uhr geeinigt – in ihrer Wohnung gewesen. Die beiden waren gut befreundet, hatten aber kein Verhältnis miteinander. Die Polizei nahm Pohlmann in der Folgezeit unter die Lupe, glaubte auch, einige hieb- und stichfeste Tatmotive gefunden zu haben. Pohlmann hatte nach dem Tod der Rosemarie Nitribitt einige Schuldenbeträge beglichen und ihr Auto für 20 000 bare Mark gekauft. Am 5. Februar 1958 wurde ein Haftbefehl gegen Pohlmann erlassen, am 29. Dezember hob ihn die Strafkammer des Landgerichts Frankfurt wieder auf. Nur ein lückenloser Indizienbeweis hätte Pohlmann überführen können.

Am 11. März 1960 – fünfzehn Monate später also – erhob die Staatsanwaltschaft vor dem Schwurgericht Frankfurt Anklage wegen Mordes und Raubes von 18 000 Mark. Was in dieser Zwischenzeit an finanziellen Manipulationen im Zusammenhang mit Illustriertenberichten und Zahlungen von Schweigegeld geschehen war, läßt sich kaum noch nachvollziehen. In einem Bericht hieß es, Pohlmann habe von einer Industriellen-Familie eine Million – später 250 000 – Mark gefordert, damit er ein Familienmitglied decke. Tatsache ist, daß eine begonnene Illustriertenserie nach vier Folgen abgebrochen wurde.

Als am 20. Juni 1960 der Pohlmann-Prozeß begann, war die Stadt Frankfurt wieder ins Nitribitt-Fieber geraten. Der Film lief in den Kinos, die Menschen standen an den Kinokassen Schlange, an Stammtischen gab es kein anderes Thema. Journalisten durchstreiften die Stadt nach neuen Informationen. Einer berichtete gar seinen Lesern in Wien, er habe das Grab der Rosemarie Nitribitt auf dem Frankfurter Nordfriedhof besucht. Eine wahre Völkerwanderung sei da zugange gewesen. Was auch immer er in Frankfurt gesehen oder geträumt haben mag, Rosemarie Nitribitt ist auf dem Düsseldorfer Südfriedhof begraben. Auf ihrem Grabstein steht geschrieben: »Nichts Besseres darin ist denn Fröhlichsein im Leben.«

Am Rande des Pohlmann-Prozesses notierte der Frankfurter Journalist Richard Kirn: »Nachmittags tauchen Touristen in bunten Blusen und Hosen, Kameras umgehängt, im Gerichtssaal auf.« Vierzehn Tage dauerte der Prozeß. Vor den Richtern stapelten sich 24 Bände Hauptakten, ein Band Protokollabschriften, drei Pakete mit Nebenspuren und Beiakten zu Vorstrafen und Schuldverpflichtungen Pohlmanns. 79 Zeugen wurden vernommen.

Am 12. Juli 1960 verkündete der Vorsitzende des Schwurgerichts das Urteil: Freispruch aus Mangel an Beweisen. Die Beweismittel, so hieß es in der Urteilsbegründung, hätten nicht ausgereicht, das Gericht von der Täterschaft zu überzeugen. Der Lebenskreis der Rosemarie Nitribitt habe Personen eingeschlossen, die weder der Zahl noch dem Namen nach hätten ermittelt werden können. Es blieb bei der Erkenntnis: »Jeder Freier kann es gewesen sein.«

Eine Beobachtung am Rande fanden wir in dem Beitrag »Ein klassischer Fall: Pohlmann–Nitribitt« von Johannes Warlo in einem Erinnerungsband an hundert Jahre Frankfurter Justiz. Da wird mitgeteilt, daß das Lehrverhältnis mit einem 17jährigen Schlosserlehrling gelöst wurde, weil dieser in eine Erziehungsanstalt eingewiesen worden war. Der Grund: Umgang mit Rosemarie Nitribitt. Was waren das für Zeiten?

Der Rückfall des »Frauenmörders von Frankfurt«

D as hätte nicht zu geschehen brauchen«, sagte die Mutter des »Frauenmörders von Frankfurt«, »wenn die Polizei auf mich gehört hätte. Ich habe denen immer wieder gesagt, daß Gerhard krank ist. Seit er mit vier Monaten eine Hirnhautentzündung hatte, war er ein Sorgenkind. Wegen der Folgen wurde er in mehreren Kliniken behandelt. Die Ärzte sagten mir damals immer wieder, mit dem Gerhard würde ich später mal Schwierigkeiten haben. Sie sagten voraus, daß er eines Tages etwas Schlimmes anstellen würde.«

Dies war geschehen: Am 20. Februar 1971 gegen 23.30 Uhr überquerte der 24jährige Gerhard Börner aus Frankfurt in Offenbachs Innenstadt den »Stadthof«. Er hatte Bekannte besucht und war auf dem Heimweg. Er mußte austreten, stand an einem Bauwagen, als er Schritte hörte. Ahnungslos kam ein Mädchen daher, Börner sprang es an und drückte ihm den Hals zu, bis es leblos zusammensackte. Er verging sich an der Toten. Als Arbeiter am nächsten Morgen die Leiche der 15jährigen Gabriele Schneider fanden, war diese schrecklich zugerichtet.

In der Nacht vom 25. auf 26. März 1971 bestieg Gerhard Börner im Frankfurter Hauptbahnhof den »Italia-Expreß«. Er war mit einem Freund verabredet gewesen, der aber nicht gekommen war. In einem Abteil des letzten Wagens saß allein die 52jährige Ria

In psychiatrischen Kliniken genoß Gerhard Börner eine Reihe von
Freiheiten, bis nach vielen Jahren der Rückfall kam.

Tiarks aus Bremen. Börner erwürgte sie und nahm die Handtasche an sich. Er fand 2000 Mark, die er behielt, und warf die Tasche auf dem Heidelberger Bahnhof weg.

Am 1. Mai 1971 war Gerhard Börner mit dem Wagen eines Freundes unterwegs. In der Nähe des Messegeländes ließ er die 24jährige Prostituierte Irene Gerdes einsteigen. Unterwegs hielt er an einem einsamen Platz an. Er wollte mit der Frau intim werden. Später sagte er aus: »Bei mir klappte es wieder einmal nicht. Da hat mich solche Wut gepackt, daß ich ihr den Hals zudrückte.« Die tote Frau wurde am nächsten Tag an der Autobahn Frankfurt–Köln gefunden.

Am 5. Mai 1971 betrat Gerhard Börner die Halle eines Hotels in Bergen-Enkheim. Er hatte die Absicht, sich telefonisch ein Taxi zu bestellen. Die 48jährige Directrice Hedwig Christmann, die noch im Fernsehraum saß, sah den Mann und rief um Hilfe. Börner sprang auf die Frau zu, packte sie am Hals und würgte sie. Schließlich erdrosselte er die Frau mit ihrem einen Strumpf. Er brach eine Geldkassette auf. Später war er, nach eigener Aussage, noch einmal da und nahm der toten Hotelangestellten den Schmuck ab. Als er sie erdrosselte, war die Fahndung nach ihm schon in vollem Gange.

Auf die Spur Börners waren Wiesbadener Kriminalbeamte gestoßen, als ein Autofahrer anzeigte, er habe gesehen, wie jemand die Geldbörse der ermordeten Prostituierten Irene Gerdes aus einem grauen Mercedes mit Hanauer Nummer geworfen habe. Die Kriminalisten fanden schließlich das Fahrzeug, in dem noch der Regenschirm von Irene Gerdes lag. Der Wagen gehörte einem Mann aus Bergen-Enkheim, in dessen Wohnung Börner häufig übernachtete. Seinen eigentlichen Wohnsitz hatte er bei seiner Mutter in der Frankenallee 42.

Eine Sonderkommission wurde gebildet. Ihre Beamten beobachteten sowohl das Haus in Bergen-Enkheim als auch die Wohnung in Frankfurt. Inzwischen hatte sich herausgestellt, daß Börner bereits als Jugendlicher wegen Raubes, Diebstahls und Körperverletzung bestraft worden war, daß er 1968 eine Krankenschwester auf offener Straße überfallen und kurz darauf eine 18jährige im Fahrstuhl eines Bürohauses gewürgt hatte. Er war mit zweieinhalb Jahren Gefängnis bestraft worden. In der Nacht zum 6. Mai freilich konnten die Kriminalbeamten nicht ahnen, daß der Gesuchte, auf den sie in Bergen-Enkheim fast die ganze Nacht lang warteten, in ihrer allernächsten Nähe einen vierten Mord beging. Sehr betrunken kam er gegen vier Uhr morgens in der Wohnung des Freundes an. Er wurde festgenommen. Ein Verdacht, daß der Freund Mittäter oder wenigstens Mitwisser hätte sein können, hat sich nicht bestätigt.

Der Mann war geständig. So sehr, daß er einen fünften Mord zugab und damit die Vernehmenden in Verlegenheit brachte. Er sagte, er habe auch die Prostituierte Karin Fischer, die am 8. März 1971 in ihrem Appartement in der Allerheiligenstraße erdrosselt aufgefunden worden war, getötet. Zur gleichen Tat bekannte sich aber auch der 24jährige Harald Hans

Austgen, der obendrein die Prostituierte Katharina Salat getötet haben soll. Austgen hatte in seinem Geständnis genauere Angaben über das Appartement wie über den Ablauf der Tat gemacht, Börners Tatortbeschreibung war dagegen sehr ungenau.

Am 18. Januar 1972 begann der Prozeß. Die Anklage lautete auf vierfachen Mord, die Eröffnungskammer aber nahm im Fall der Prostituierten Irene Gerdes Totschlag an. Das Wort hatten in erster Linie die psychiatrischen Gutachter. Dr. Heinrich Erkert befaßte sich mit der Jugend und den Krankheiten des Angeklagten und meinte: »Solche Menschen können sich innerhalb von Sekunden in Furien verwandeln. Wenn es über sie kommt, sind sie reine Triebwesen animalischen Charakters.« Ein völliger Ausschluß der Zurechnungsfähigkeit sei nicht von der Hand zu weisen. Zugezogen wurden auch der Psychiater Professor Rasch, der Sexualwissenschaftler Dr. Schorsch und der Psychologe Dr. Kahé. Die Gutachter waren sich darüber einig, daß Börner noch über Jahre hinaus gefährlich sei. Börner sei kein Monster, kein Frankenstein, kein mordender Roboter, sondern das Produkt einer schicksalhaften Verflechtung.

»Wenn es dem juristischen Laien auch ungeheuerlich erscheint, muß Herr Börner doch freigesprochen werden«, zog der Staatsanwalt das Fazit des Prozesses. Er plädierte auf Unzurechnungsfähigkeit und forderte die Einweisung in eine Heil- und Pflegeanstalt. Das Gericht folgte dem Antrag: Wegen seiner von vier verschiedenen Sachverständigen übereinstimmend festgestellten Unzurechnungsfähigkeit müsse Börner freigesprochen werden. Die Einweisung in eine Heilanstalt wurde verfügt.

Doch damit war der Fall des »Frauenwürgers von Frankfurt« noch nicht zu Ende. Im Sommer 1978 – sechs Jahre nach dem Freispruch – erschien in einer Frankfurter Tageszeitung ein Bericht über Gerhard Börner, der fünf Jahre lang in einer Gießener Heilanstalt gelebt hatte, dann nach Haina in Oberhessen gebracht wurde. Der nunmehr 31jährige genoß dort einige Freiheiten, durfte regelmäßig ausgehen, eine Gastwirtschaft besuchen und Einkäufe machen. Die Fenster seiner Unterkunft waren nicht vergittert. Der Journalist Peter Steinbach schrieb: »Der modernen Psychiatrie sind Gitter ein Greuel, der Öffentlichkeit sind sie es dann nicht, wenn ein Fall monströses Ausmaß hat. Nicht ohne Grund bangt sie um ihre Sicherheit.«

Sechs Jahre später brachten die Zeitungen neue Nachrichten zum Fall Börner. Er war aus dem psychiatrischen Krankenhaus in Eickelborn bei Soest in Westfalen geflohen. Immerhin nahmen es die Behörten so ernst, daß sie 3000 Mark Belohnung für die Ergreifung aussetzten. Doch Börner kam freiwillig in die Klinik zurück.

Im Jahr 1988 bekam Gerhard Börner regelmäßig Urlaub, durfte zu seinen Eltern nach Frankfurt fahren. Am 14. April 1988 war er auf dem Weg nach Hause, wo er seinen 41. Geburtstag feiern wollte. Im Intercityzug »Bacchus« geschah es: Börner überfiel eine 45jährige Deutsch-Kanadierin im Waschraum des Zuges, versuchte sie zu vergewaltigen und stach dann mit einem Fahrtenmesser auf die sich verzweifelt wehrende Frau ein. Sie hatte ihre erwachsenen Kinder in Mönchengladbach besucht und war auf dem Weg zum Frankfurter Flughafen, von wo sie nach Toronto fliegen wollte. Auf der Fahrt durch das Rheintal bei Bad Breisig stach der Triebtäter zu. Am 8. Oktober 1990 verurteilte die 4. Strafkammer des Mainzer Schwurgerichts Gerhard Börner zu acht Jahren Haft und zur Unterbringung in einer psychiatrischen Heilanstalt.

»Für diese Tat im Intercity gibt es kein wie immer geartetes Motiv«, sagte einer der vier Gutachter. Börner war 1989 in dieser Sache zunächst zu »lebenslänglich« verurteilt, doch der Bundesgerichtshof hatte das Urteil aufgehoben. Richter Rudolf Hilt sagte in der Urteilsbegründung, in diesem Verfahren seien die Grenzen der Erkenntnis der Psychiatrie erreicht worden, man könne auch von einer »Bankrotterklärung der Psychiatrie« reden: »Hätten wir zu den vier vernommenen Sachverständigen noch fünf weitere dazugeladen, wir hätten noch fünf weitere Meinungen zu dem Fall gehört. Jeder Sachverständige hat seine eigene Theorie und wendet sie an.«

Die Heimkehr des Ludwig »Luggi« Lugmeier nach seinem
Fenstersprung und einer großen Reise.

»Luggi« Lugmeiers Reisen um
die Welt

Dies war die Schlagzeile einer Zeitung am 30. Oktober 1973: »Zwei Millionen Mark in 90 Sekunden erbeutet.« Die Geschichte des größten Geldraubs der Nachkriegszeit in dieser Stadt ist ebenso schnell erzählt: In einem ungepanzerten Auto sollten am Morgen des 29. Oktober – es war ein Montag – vier unbewaffnete Männer das Geld von der Landeszentralbank in der Neuen Mainzer Straße zum Geldhof der Dresdner-Bank-Zentrale an der Gallusanlage, Ecke Neckarstraße, bringen. Zwei Gangster blockierten mit einem Alfa Romeo, der bereits zwei Monate vorher gestohlen worden war, die Einfahrt zum Geldhof, zwangen mit Maschinenpistole und Pistole die Männer zum Aussteigen und den Fahrer zum Öffnen des hinteren Kofferraums. Sie luden zwei Koffer und eine Tasche voll Geld in den Alfa Romeo, rasten durch das Bahnhofsviertel, stiegen in einen Porsche mit gefälschten Kennzeichen um, fuhren am Tatort vorbei zum Parkhaus am Theater. Von da an verlor sich jede Spur.

Der Verdacht, daß politische Hintergründe bei diesem Millionenraub auf offener Straße eine Rolle hätten spielen können, tauchte sehr bald auf. Frankfurt war ein Mittelpunkt terroristischer und anarchistischer Bewegungen. Seit fünf Jahren flackerten die Unruhen in dieser Stadt immer wieder auf. Ein gutes Jahr war es her, daß der führende Terrorist Andreas

Baader unter dramatischen Umständen in Frankfurt festgenommen wurde. Die Stadt war auch der Ort früherer Brandstiftungen. Jetzt richtete sich ein Verdacht gegen zwei Jurastudenten aus Göttingen, die Kontakte mit der anarchistischen Szene hatten und in dem Verdacht standen, am 20. Juli 1973 in Wolfsburg beim Überfall auf einen Geldtransportwagen der Bundespost 800 000 Mark erbeutet zu haben. Die Frankfurter Polizei klärte den Wolfsburger Raub auf, doch eine Verbindung nach Frankfurt gab es in diesem Fall nicht.

Die Dresdner Bank hatte bald nach dem Überfall eine Belohnung von 200 000 Mark für brauchbare Hinweise zur Ergreifung der Täter ausgesetzt. Es gab viele Spuren, doch keine war »heiß«. Bis Anfang April eine Meldung aus München Aufsehen erregte: Zwei Räuber, die am 21. Dezember 1972 bei einem bewaffneten Überfall in Münchens Stadtteil Schwabing 560 000 Mark erbeuteten, sind in Frankfurt bei einer Ganovenparty gesehen und fotografiert worden. Die veröffentlichten Bilder zeigten den 25jährigen Gerhard Linden und seinen um rund zwei Jahre älteren Komplizen Ludwig Lugmeier. Linden soll auch der dritte Mann bei einem Bankraub in Münchens Prinzregentenstraße gewesen sein, bei dem 18 Geiseln festgehalten wurden. Der Räuber Hansgeorg Rammelmeyer tötete eine Geisel und wurde während des Versuchs der Festnahme von der Polizei erschossen, der Haupttäter Dimitri Todorov wurde zu lebenslanger Freiheitsstrafe verurteilt.

Der Frankfurter Staatsanwaltschaft schienen Linden und Lugmeier hinreichend verdächtig, auch den Millionencoup in Frankfurt gedreht zu haben. Die Spur führte nach Mexiko City, wo die beiden von der dortigen Polizei beobachtet wurden. Sie lebten zeitweise auch in Acapulco, genossen das »süße Leben«. Sie fielen auf, als ein hoher Geldbetrag aus Deutschland auf ihr Konto in Mexiko City überwiesen wurde. Doch als die mexikanische Polizei zugreifen wollte, waren die beiden verschwunden. Dafür entdeckte die Frankfurter Polizei eine Spur in Niederrad. Eine Freundin Lindens war bei der Flucht nach Mexiko behilflich gewesen. Am 1. Mai kam schließlich die Meldung aus dem Staate Mexiko: In Guadalajara, 600 Kilometer von Mexiko City entfernt, wurden Linden und Lugmeier festgenommen.

Es dauerte noch zwei Wochen, bis die beiden Verdächtigen, begleitet von den Kriminalbeamten Dieter Ortloff und Heinz Georg, auf dem Frankfurter Flughafen landeten. Beide hatten bereits im Flugzeug erklärt, sie würden keine Aussagen zum Frankfurter Millionenraub machen. Die Suche nach dem Versteck des vielen Geldes war bis dahin ergebnislos geblieben. Gerhard Linden, der den Beruf des Büchsenmachers erlernt hatte, und Ludwig Lugmeier, von seinen Freunden »Luggi« gerufen, schwiegen standhaft. Sie blieben in Frankfurt in Untersuchungshaft. Im November 1974 unternahm Linden einen Fluchtversuch. Mit einem dünnen Sägeblatt entfernte er einen Gitterstab seiner Einzelzelle und hangelte sich von Stockwerk zu Stockwerk bis in den Hof. Ein Beamter entdeckte ihn. Einen zweiten Ausbruchsversuch unternahm Linden im Mai 1975. Er wollte sich mit zwei anderen Häftlingen an zusammengedrehten Bettlaken »abseilen«.

Am 19. Oktober 1975, fast genau zwei Jahre nach dem Überfall, begann der Prozeß vor einer großen Strafkammer in Frankfurt. Linden und Lugmeier wurden wegen Straßenraubs, Kraftfahrzeugdiebstahls, Mißbrauchs von Dokumenten und Ausweisdiebstahls angeklagt. 79 Zeugen waren geladen. Die Angeklagten bestritten, den Raub begangen zu haben, und schwiegen während des Prozesses, der sich mühselig über Wochen und Monate dahinzog. Immer wieder tauchte die Frage auf: Wo sind die zwei Millionen? Aus der Anklagebank kam nur Schulterzucken. Zeugenaussagen blieben verschwommen, eine Zeugin belastete die Angeklagten, eine andere verweigerte als ehemalige Verlobte Lindens die Aussage. Die erste Sensation geschah am 4. Februar 1976: Der Angeklagte Ludwig »Luggi« Lugmeier sprang aus dem Fenster des Gerichtssaals.

Es war nach der Mittagspause gegen zwei Uhr. Ein Justizwachtmeister hatte den Angeklagten Lugmeier in Handschellen hereingebracht und hatte ihm die Fessel abgenommen. Dieser nahm auf der Anklagebank Platz. Das Fenster im Saal 110 B stand noch zum Lüften offen. Lugmeier nahm die Gelegenheit wahr und sprang aus vier Meter Höhe auf die Seilerstraße. Er wurde nicht mehr gesehen. Bis zum 1. August 1977, als er in der isländischen Hauptstadt Reykjavík festgenommen wurde. Anderthalb Jahre hatte er sich in der Weltgeschichte herumgetrieben. Daß es ein paar Wochen nach seiner Flucht große Aufregung um Gerhard Linden gab, als ihn ein gewisser Rudi Manz aus dem Gerichtssaal befreien wollte und zwei Geiseln fast 30 Stunden lang festhielt, hatte er gar nicht mitbekommen. Am 1. Oktober 1976 war Ludwig Lugmeier in Abwesenheit zu zwölf Jahren Freiheitsstrafe verurteilt worden. Gerhard Linden hatte 13 Jahre bekommen. Er hatte bis zum Schluß jegliche Beteiligung an dem Millionenraub bestritten. Der Verdacht gegen Lugmeier, er könne auch an der Entführung des Industriellensohnes Richard Oetker beteiligt gewesen sein, bestätigte sich nicht.

Am Morgen nach seinem 28. Geburtstag wurde Ludwig Lugmeier in Reykjavík festgenommen. Er habe, so hieß es zunächst, nach Verlassen einer Diskothek mit Geldbündeln um sich geworfen. Es war aber sein amerikanischer Freund und Berater, der da den Großzügigen spielte und einem Taxifahrer tausend Mark Trinkgeld gab. Lugmeiers Geld freilich, das der Amerikaner ihm heimlich weggenommen hatte. Es hieß, der »Millionenräuber«, der einen anderen Namen angenommen hatte, wolle weiter nach Ecuador reisen, wo er seßhaft werden wollte. Rund 280 000 Mark fand die isländische Polizei in seinem Gepäck. Vorher hatte er das Geld in zwei Benzinkanistern aufbewahrt und in einer Felsspalte versteckt.

Am 7. August 1977 kam der Ausreißer, begleitet von zwei Kriminalbeamten, auf dem Frankfurter Flughafen an. Im Flugzeug schon hatte er den Begleitern von seinen abenteuerlichen Reisen erzählt. Seine Beteiligung an dem Millionenraub in Frankfurt hatte er bereits vor einem Richter in Island gestanden. Den Anteil an der Beute hatte er zu einem großen Teil ausgegeben. Er habe auch viel verspielt, sagte er. Er war in Irland, wo er sich einen Paß besorgte, in Afghanistan und der Türkei, in Persien, Ecuador und Island. Dem Lande Ecuador galt seine große Liebe, Island lobte er ob der guten Gefängniskost: »Es gab Rostbeef mit Butter und Kartöffelchen.«

Nach seinem Sprung aus dem Fenster des Gerichtsgebäudes hatte »Luggi« Lugmeier sehr geschickt alle Sperren umgangen und in aller Ruhe eine Eisenbahnfahrkarte in seinen Heimatort Kochel am See gelöst. In den Bergen hielt er sich zunächst versteckt, hatte ein Zelt zwischen zwei Felsen aufgestellt. Es war noch Winterszeit, die Temperaturen sanken auf minus 20 Grad. Lugmeier überlebte mit viel Whisky. In seiner Mitteilungsfreude zeigte er den Beamten aus Frankfurt auch das Moor, wo er sein Geld versteckt hatte. Lindens Anteil lag noch im Frankfurter Stadtwald. Er steckte in Plastik-Milchkannen. Lugmeier, der dies alles gestand, war während seiner Flucht noch ein paarmal in Deutschland, um Geld zu holen.

In München mußten Gerhard Linden und Ludwig Lugmeier noch einmal vor Gericht. Es ging um die Überfälle in der bayerischen Hauptstadt. Beide waren geständig und wurden zu elf Jahren Freiheitsentzug verurteilt. Seine Beteiligung an dem Geldraub vor der Dresdner Bank hat Linden nie zugegeben. Er habe lediglich bei der Vorbereitung am Rande mitgearbeitet. Im November 1979 gestand Lugmeier, er habe einen dritten Beteiligten in Notwehr erschossen. Es war an-

zunehmen, daß er mit den etwas verworrenen Aussagen ein Wiederaufnahmeverfahren anstrebte. Es fand
nicht statt.

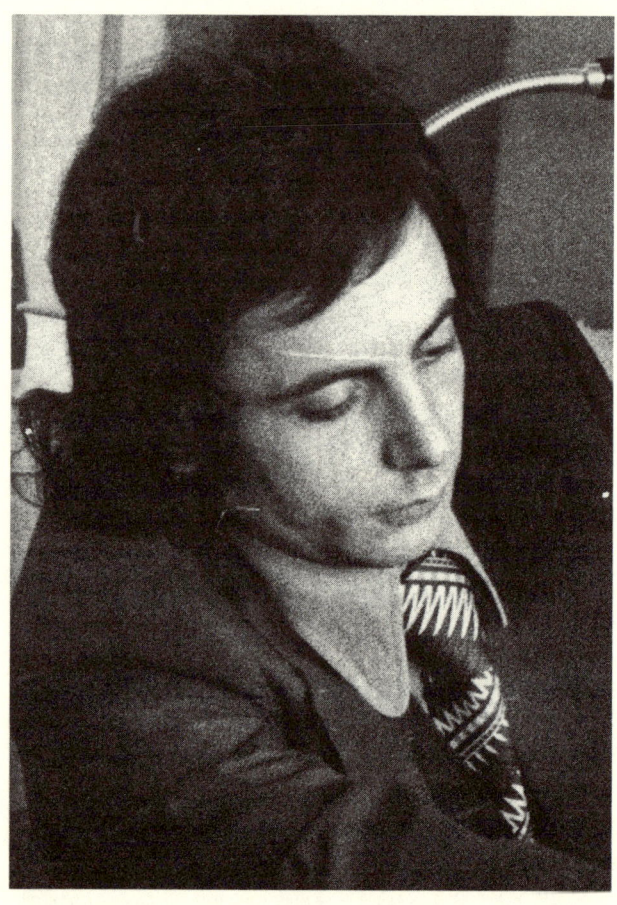

Wegen Mordes an dem Jugoslawen Josef Tudic mußte sich der
Italiener Paolo Lippera vor einem Gericht in Frankfurt
verantworten. Nach dem Urteil leerte er eine Büchse Pillen vor dem
Richtertisch aus.

Mafia in Frankfurt: Der Tod im Nachtclub

Der New Fashioned Club in der Fellnerstraße ist eine Diskothek, wo man abends noch gern hingeht, wenn man gerade in fröhlicher Gesellschaft ist. Musiker, Künstler, Journalisten, Nachtschwärmer. Natürlich auch andere Leute, die noch unterwegs sind. Man sieht ihnen nicht an, ob sie etwas auf dem Kerbholz haben. In solchen Abendlokalen ist das nun einmal so. Der Joseph Tudic jedenfalls galt als ruhiger Gast, der nie sonderlich aufgefallen ist.« Ein Journalist schrieb es, der nach dem Nachtdienst gelegentlich ins »New Fashioned« hereinschaute, um einen Schlaftrunk zu nehmen, vielleicht auch befreundete Künstler oder Musiker zu treffen. Am 30. Januar 1973 hatte er das Abendlokal gerade verlassen, als der 28jährige Joseph Tudic mitten im Lokal zusammengestochen wurde, sich blutüberströmt und mit einem aufgeschnittenen Augapfel bis vor die Tür schleppte und dort zusammenbrach. Als der Notarztwagen kam, war Tudic bereits tot.

Als »Jugoslawen-Joe« war der Mann in Kreisen bekannt, die in bestimmten Lokalen des Bahnhofsviertels ihre Treffpunkte hatten. Über ihre Geschäfte und Tätigkeiten wurde nur gemunkelt. Auch die Polizei kam nie recht dahinter, was da geschah und ausgeheckt wurde. Im Jahr 1971 hatte eine Sonderkommission des Bundeskriminalamtes ein Verbrechersyndikat zerschlagen, das als »Eurogang« in Frankfurt seine Zentrale hatte. Vierzig Personen wurden ausgewiesen. Der Franzose Felix Lesca, der als das Haupt der Bande galt, wurde den Behörden seines Heimatlandes übergeben. Schon damals tauchte der Name Paolo Lippera auf. Er galt in Mafiakreisen als ein Vollstrecker. »Engel mit den blutigen Händen« nannte man ihn. Gegen ihn richtete sich sehr bald der Verdacht, den »Jugo-Joe« getötet zu haben.

»Mord auf Bestellung, schwunghafter Handel mit Rauschgift, Falschgeld, gestohlenen Wagen, Pelzen, Schmuck und leichten Mädchen, falsche Pässe, illegaler Waffenbesitz« gehörten zu den Delikten, die den internationalen Verbrecher-Organisationen vorgeworfen wurden. Staatsanwältin Adelheid Werner, die in dieser harten Zeit die Abteilung Schwerpunktkriminalität leitete, sagte: »Hier gibt es immer wieder Hinrichtungen von Ganoven.« Der Tod des Joseph Tudic war ein typisches Beispiel dafür. Zwölf Stiche in Hals, Brust und Rücken setzten seinem Leben ein Ende. In dem Lokal sollen sich fast 200 Gäste befunden haben, als es geschah. Als die Polizei ankam, waren es nur noch wenige. Am Tag nach dem Geschehen und nach den ersten Vernehmungen hieß es im Frankfurter Polizeipräsidium, man stehe vor einer »Mauer des Schweigens«.

In Frankfurts Unterwelt gab es Gerüchte, Tudic habe nach einem Juwelendiebstahl seine Komplizen um ihre Anteile geprellt. Nach einer anderen Version sollte er an der Ermordung eines Mafioso beteiligt gewesen sein, dessen Freunde ihn gerächt hätten. Auch hieß es, er sei im Zusammenhang mit einem Rauschgiftgeschäft oder aus Rache wegen einer Frau getötet worden.

Wenige Tage nach der Tat tauchte in den Nachrichten der Polizei der Name Paolo Lippera auf. Der 26jährige Italiener habe kurze Zeit vor der Tat unter dem Namen Paolo Valdoni in der Frankfurter Innenstadt gewohnt und sei nach dem Mord verschwunden. Auch suchte die Polizei nach den Insassen eines Mercedes mit römischem Kennzeichen, mit dem Lippera geflüchtet sein soll. Eine Frau soll in dem Wagen gesessen haben und ein zweiter Mann, dessen Name mit Spinelli angegeben wurde.

Ende August 1973, fünf Monate nach dem Geschehen in der Frankfurter Diskothek, wurde Paolo Lippera in Südfrankreich festgenommen. In Villeneuve-Louvet in der Provinz Alpes-Maritimes hatte er sich unter dem Namen Paolo Rinaldi auf dem Anwesen einer holländischen Eisläuferin aufgehalten. Er wurde an die deutschen Behörden ausgeliefert, kam nach Frankfurt-Preungesheim in die Untersuchungshaft. Wegen des Verdachtes der Begünstigung war schon im Februar der Italiener Egidio della Puppa festgenommen worden. Er habe, so hieß es, den Rückzug des Mörders im »New Fashioned« gedeckt und Gästen, die dem Flüchtenden nacheilen wollten, den Weg versperrt. Della Puppas Bruder Franco hatte als einer der führenden Köpfe der »Eurogang« gegolten. Egidio della Puppa wurde wieder freigelassen, doch nach der Festnahme Lipperas gerieten zwei Frankfurter, der Gastwirt und ehemalige Boxer Ossi Büttner und der Privatdetektiv Ulf-Martin Hoppe, in den

Verdacht der Begünstigung. Auch sie waren in der Nacht, in der es geschah, in dem Lokal. Die beiden sollten auch den Schwerverletzten vor die Tür gebracht haben. Nach vier Wochen wurden sie freigelassen.

Am 15. Juli 1975 begann schließlich vor der 21. Schwurgerichtskammer der Prozeß gegen Paolo Lippera. Staatsanwalt Wolfgang Heinrich, genannt »der eiserne Heinrich«, der schon die Ermittlungen geleitet hatte, vertrat die Anklage. Fünf Verteidiger, unter ihnen Staranwalt Rolf Bossi aus München, nahmen die Interessen des Angeklagten wahr. Richter Seipel führte den Vorsitz. Nach Ermittlungen der Polizei, so hieß es im Gerichtssaal, sei Joseph Tudic Chef einer jugoslawischen Bande gewesen, die sich zur »Beschützerin« von Frankfurter Vergnügungsbetrieben und Bordellen ernannt hatte. Sie sei mit einer italienischen Mafia-Zweigstelle in Konflikt geraten. Außerdem habe Tudic im Verlauf eines Streits in Rom das führende Mafia-Mitglied Carlos mit drei Schüssen »liquidiert«. Es werde noch etwas auf ihn zukommen, wußte man schon vor der Tat in Unterweltkreisen.

Der Angeklagte, der einmal Friseur von Beruf gewesen war, zeigte sich nervös und leicht erregbar am ersten Verhandlungstag. Zum Tathergang wollte er nichts mehr aussagen: »Bis gestern habe ich es hinausgeschrien, daß ich unschuldig bin. Jetzt, nach zwei Jahren Untersuchungshaft, sage ich nichts mehr.« Am nächsten Tag sagte er, er habe ein Wortgefecht zwischen Tudic und einem anderen Gast schlichten wollen. Dabei sei er mit dem Messer an einem Finger verletzt worden. Aus Angst vor der Polizei – er wurde wegen verschiedener Straftaten in Italien gesucht – habe er sich mit den Fäusten einen Weg gebahnt und das Lokal verlassen.

Der Prozeß gestaltete sich immer schwieriger, da fast täglich Zeugen aufgerufen wurden, die nicht zum Termin gekommen waren. Ein Frankfurter Kaufmann, der zunächst seine Bereitschaft zur Aussage betont hatte, fehlte, auch eine Garderobenfrau und eine Serviererin. Eine jugoslawische Bardame erschien zwar vor Gericht, sagte aber, sie habe ein so schlechtes Gedächtnis, daß sie nicht mehr wisse, was sie gestern gegessen habe. Der Angeklagte Lippera zum Richter: »Sie haben alle Angst vor dem Staatsanwalt.«

Der Kaufmann, der dem Gericht als Augenzeuge besonders wichtig war, tauchte schließlich auf, bat aber darum, daß die Öffentlichkeit ausgeschlossen werde. Er habe mehrere Aufforderungen erhalten, etwas »ruhiger« zu sein. Ex-Boxer Ossi Büttner meinte als Zeuge: »Da werden in diesem Prozeß Hauptdarsteller gesucht. Jedes Kind hat jetzt schon Angst vor mir.« Und: »Joe hat aus meinem Lokal die hübschesten Mädchen herausgeholt und immer nur Apfelsaft getrunken.« Joseph Tudic soll dem starken Mann im Bahnhofsviertel einmal eine »Abreibung« verpaßt haben, was diesen natürlich sehr kränkte. Der Bruder des Opfers, Vladimir Tudic, sagte, Lippera sei nicht schuldig.

Eine Zeugin wurde festgenommen. Falsche uneidliche Aussage warf man ihr vor. Nach den letzten Zeugenaussagen erklärte Staatsanwältin Adelheid

Werner, das beharrliche Anrennen der Ermittlungsbehörden gegen eine Mauer des Schweigens habe schließlich doch nach und nach Erfolge gezeitigt. Die Aussagen, so dürftig sie zum Teil gewesen seien, hätten sich allmählich zu einem Mosaik zusammengefügt.

Eine Geschicht von »Liebe, Laster und Tod«, wie sie in dem Herrenmagazin »Man« gedruckt erschienen war, beschäftigte das Gericht gegen Ende des Prozesses. Darin wurde das Ende des italienischen Gangsters Carlo Faielle geschildert. Ein Exemplar des Magazins wurde in der Wohnung einer Zeugin sichergestellt. Faiella galt als Mann mit samtenen Fingern, der aber in der Unterwelt mit eiserner Faust regierte. Seine Geliebte, eine Stripteasetänzerin, sagte, er sei »sensibel, freundlich und männlich zugleich« gewesen. In der Mordnacht sei er zusammen mit dem römischen Ganoven »Ernestino der Neger« und einem schnurrbärtigen Typen aus einem Lokal in Rom gekommen. Kurz darauf sei er am Kolosseum »mit drei Pistolenkugeln hinterrücks ins Paradies der harten Männer« befördert worden. Der mit dem Schnurrbart hätte Joseph Tudic sein können. Und Lippera der Rächer des Römers.

Eine lebenslange Freiheitsstrafe beantragte Staatsanwältin Adelheid Werner für den inzwischen 29jährigen Angeklagten. Er habe die Tat mit der Präzision eines Fachmanns und zynischer Kaltblütigkeit ausgeführt. Ohne Zweifel habe Lippera im Auftrag einer Organisation gehandelt. Man habe ihm eine Wohnung in Frankfurt besorgt, ihn finanziell unterstützt, ihm nach der Tat die Flucht ins Ausland ermöglicht und ihn standesgemäß in einer Villa an der Riviera untergebracht.

Rechtsanwalt Rolf Bossi plädierte im Namen aller Verteidiger auf Freispruch. Er spickte seine Rede mit heftigen Angriffen auf die Staatsanwaltschaft und die Presse. Am 30. September 1975 erfolgte das Urteil: Zehn Jahre Haft wegen Totschlags unter Berücksichtigung verminderter Zurechnungsfähigkeit. Noch einmal hatte der Angeklagte einen großen Auftritt, als er eine Handvoll Beruhigungspillen vor den Richtertisch warf. Der italienische Vizekonsul erläuterte auf Anfrage: Es sei ein alter italienischer Aberglaube, daß das Werfen mit Salz Glück bringe. Salz aber habe Lippera in diesem Augenblick nicht zur Verfügung gehabt.

Im September 1979 wurde Paolo Lippera aus der Haft entlassen und nach Italien ausgeliefert. Sehr zur Erleichterung der Beamten im Strafvollzug. Der Italiener war ein höchst unbequemer Gast in deutschen Gefängnissen.

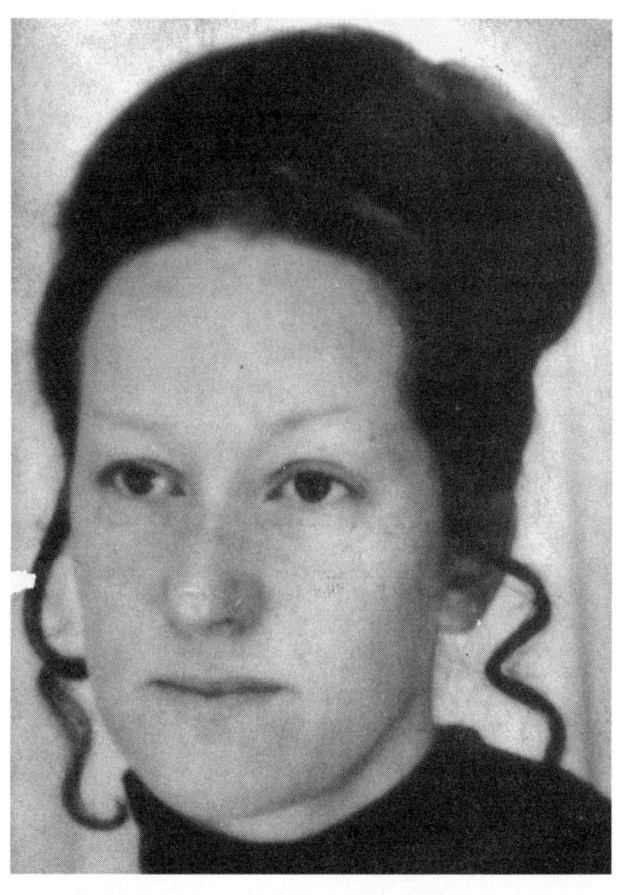

Die 28jährige Bodenstewardeß Geraldine Sheehan wurde 1973
ermordet und zerstückelt.

Noch immer Rätsel um die »Leiche ohne Kopf«

Bedenken Sie doch! Ich, ein ehemaliger Mörder, und im Zimmer nebenan eine Frau, die ermordet wurde! Ich hatte Angst. Deshalb habe ich sie zerschnitten.« Leidenschaftlich beteuerte der Angeklagte Horst Grötzsch zu Beginn des Wiederaufnahmeverfahrens am 2. November 1977 seine Unschuld. Genau vier Jahre vorher war er in einem Indizienprozeß zu 15 Jahren Haft wegen Totschlags verurteilt worden. Er habe, so hieß es im ersten Prozeß, die 28jährige Bodenstewardeß Geraldine Sheehan vergewaltigt, erdrosselt und dann in seiner eigenen Wohnung zerstückelt. Rumpf und Arme habe er in einen Koffer gepackt und in den Main geworfen. Kopf und Beine der getöteten Frau sind nie gefunden worden. Im Februar 1977 hatte der Bundesgerichtshof das Urteil wegen eines Formfehlers aufgehoben. Im zweiten Prozeß sagte Horst Grötzsch: »Ich könnte Ihnen jetzt eine Geschichte auftischen. Ich habe ja fünf Jahre Zeit gehabt zum Nachdenken.«

Die Sache mit der »Leiche ohne Kopf« war im Frühjahr 1973 Tagesgespräch in Frankfurt. Zu geheimnisvoll war der grauenhafte Fund, den der Wirt des schwimmenden Bootshauses auf dem Main bei Griesheim gemacht hatte. In einem Koffer, der da angeschwemmt wurde, lag der Körper einer toten Frau, von dem Kopf und Beine abgetrennt waren. Untersuchungen ergaben, daß die Tote – eine Frau von vermutlich 25 bis 35 Jahren – nicht lange im Wasser gelegen haben konnte. Ein paar Tage später wurde die Frau identifiziert. Es war die englische Staatsangehörige Geraldine Sheehan, die in der Tornowstraße 61 in Frankfurts Kuhwaldsiedlung ein Mansardenzimmer bewohnt hatte. Die ägyptische Luftverkehrsgesellschaft, bei der die Engländerin beschäftigt war, hatte Vermißtenanzeige erstattet. Die sehr korrekte Mitarbeiterin habe zwei Tage lang nichts von sich hören lassen. Sie war seit zwei Jahren bei der Egypt Air beschäftigt und hatte in dieser Zeit auch in der Kuhwaldsiedlung gelebt. Ihre Vorgesetzten wußten zu berichten, daß sie Deutschkurse in der Volkshochschule besuchte und Mitglied in der Carl-Duisberg-Gesellschaft war, die Stipendiaten aus Entwicklungsländern betreut. Am Sonntag, 11. März 1973, wurde Geraldine Sheehan zum letzten Mal lebend gesehen. Hausbewohner wollten am Nachmittag einen Streit in ihrem Zimmer gehört haben. Am Tag darauf schon wurde die zerstückelte Leiche gefunden.

Wenige Tage später wurde der Zimmernachbar, der 44jährige Druckerei-Arbeiter Horst Grötzsch, in der Mansarde des Hauses Tornowstraße 61 verhaftet. Kriminalbeamte hatten verdächtige Blutspuren in seiner Wohnung entdeckt. Außerdem stellte sich heraus, daß der Plastikvorhang, in den die Leiche gewickelt war, zum Eigentum des Festgenommenen gehörte. Im Laufe der polizeilichen Ermittlungen ergab sich sehr bald, daß der Verdächtige im Jahr 1946 von einem amerikanischen Militärgericht wegen »Raub mit Mord« zum Tode verurteilt worden war. Grötzsch war damals 17 Jahre alt. Aufgrund seiner Jugend wurde er zu einer zehnjährigen Haftstrafe begnadigt. 1953 kam er wieder in Freiheit. Über den Fall selbst war kaum noch etwas zu ermitteln. Die Sache soll sich in Nordhessen zugetragen haben.

Am ersten Prozeßtag, dem 24. September 1974, gestand Horst Grötzsch, der bis dahin jede Kenntnis von dem Mord an der »Leiche ohne Kopf« bestritten hatte: »Ich habe die Leiche meiner Zimmernachbarin zerstückelt und aus dem Haus geschafft, um nicht als Mörder der Geraldine Sheehan verdächtigt zu werden.« Den Kopf und die Beine habe er in Plastiktüten verpackt und in Müllcontainer versteckt, den Koffer mit dem Rumpf habe er von der Friedensbrücke aus in den Main geworfen. Er habe gehofft, der Torso würde in den Fluten spurlos verschwinden.

Was an jenem Sonntagnachmittag im März geschah, schilderte der Angeklagte so: Während er sich im Fernsehen einen Film angesehen habe – es habe »Rebellion der Verlorenen« von Henri Jäger gegeben – habe er mitbekommen, daß sich seine Nachbarin im Nebenzimmer mit einem englischsprechenden Mann unterhalten habe. Nach dem Fernsehfilm sei er in den Flur gegangen und habe gesehen, daß die Nachbartür offenstand. Als Frau Sheehan nicht auf seinen Gruß geantwortet habe, habe er nachgeschaut. »Sie saß in ihrem Sessel, die Arme hingen herunter«, schilderte der Angeklagte die Situation. Er sei in eine panische Furcht geraten, er könne wieder des Mordes verdächtigt werden, weil er sich als Jugendlicher schuldig gemacht hatte. Er habe nur noch den einen Gedanken gehabt, die Leiche zu beseitigen.

Am nächsten Prozeßtag schilderte Grötzsch Einzelheiten. Mit dem Koffer, in dem der Körper einer toten Frau verpackt war, sei er mit Bus und Straßenbahn von der Kuhwaldsiedlung in die Innenstadt gefahren. »Als ich am Polizeipräsidium vorbeiging, merkte ich, daß Blut aus dem Koffer tropfte.« Im Hauptbahnhof habe ihn ein Ausländer angesprochen: »Da kommt ja Blut aus deinem Koffer.« Grötzsch hatte das Gepäckstück auf einen Kofferkuli gestellt und war durch die erleuchtete Halle geeilt. Auf der Friedensbrücke wurde er seine verdächtige Last endlich los.

Mit 15 Jahren Freiheitsstrafe wegen Totschlags folgte schließlich das Gericht dem Antrag des Staatsanwalts, der schon zu Beginn des Prozesses erklärt hatte: »Kein anderer kann der Täter sein!« Der Einwand der Verteidigung, die Indizien reichten nicht aus, und der Angeklagte müsse deshalb freigesprochen werden, wurde nicht berücksichtigt. Der Verurteilte rief laut in den Gerichtssaal: »Das ist doch alles Unsinn, was Sie sagen!«

Der gleiche Mann rief mehr als vier Jahre später, am 20. Januar 1978, im vollbesetzten Gerichtssaal: »Das ist doch alles Quatsch, was diese Frau da erzählt!« Richterin Johanna Dierks führte den Vorsitz im zweiten Verfahren, in dem die Schwurgerichtskammer das Urteil in zehn Jahre Freiheitsstrafe umwandelte. Der Prozeß hatte wiederum fast ein Vierteljahr gedauert. Jedes Detail wurde noch einmal aufs gründlichste erörtert, mögliche Untersuchungen nachgeholt. Am Ende forderte der Staatsanwalt erneut 15 Jahre Freiheitsentzug. Die Richterin sagte in der Urteilsbegründung: »Für jede Tat gibt es ein Motiv, auch für diese. Wir kennen es nur nicht.« Das Strafmaß für Totschlag liege zwischen fünf und fünfzehn Jahren. Zehn Jahre seien die Mitte.

Die Urteilsbegründung wurde ohne den Angeklagten verlesen. Nach mehreren Zwischenrufen ließ ihn die Richterin aus dem Saal führen. »Vor, während oder nach einem stattgefundenen Geschlechtsverkehr . . .« hieß es im Urteil. Gewalt oder Zwang seien nicht nachzuweisen gewesen, erläuterte die Richterin, doch Spermaspuren hätten auf die Möglichkeit hingewiesen, daß es ein intimes Beisammensein von Geraldine Sheehan und Horst Grötzsch gegeben habe. Im übrigen sei bei allen früheren Fällen von Zerstückelung der Leiche nachgewiesen worden, daß der Täter die Person auch getötet habe. Der Angeklagte habe sich in Widersprüche verwickelt. Die Version, er habe aus Angst die Leiche zerstückelt, glaubte ihm das Gericht nicht.

Doch die eigentliche Tat und vor allem ihr Motiv bleiben im dunkeln.

»Im Diebsgrund« hieß die Gemarkung, in der heute die
Bundesbank steht. Drei Beamte nahmen die Bezeichnung zu
wörtlich.

Wie man Geld vor
dem Verbrennungsofen »rettet«

Die Verführung war groß. Drei Männer von der Bundesbank – ihre Monatsgehälter beliefen sich auf etwa 3000 Mark – waren täglich von Millionenbeträgen umgeben, waren mitverantwortlich dafür, daß Geldscheine in Milliardenhöhe einfach verbrannt wurden. Im Jahr 1978 wanderten mehr als 22 Milliarden Mark in den großen Ofen am »Diebsgrund«, wie die Gemarkung früher hieß, auf der sich nach dem Krieg die Bundesbank etablierte. Im Verlauf des Verfahrens gegen drei Beamte dieser »Schatzkammer der Bundesrepublik« zeigte der Staatsanwalt Journalisten eine handliche Flasche, nicht ganz gefüllt mit bräunlicher Asche: »Das war einmal eine Milliarde Mark.« Da können sich Wertbegriffe leicht verschieben. Was sind bei solchen Beträgen 2,4 Millionen Mark? Geld obendrein, das ohnehin verbrannt werden sollte.

Die erste Meldung erschien am 6. Juli 1979. Drei Mitarbeiter der Deutschen Bundesbank sollten zur Vernichtung bestimmte Banknoten im Wert von 2,4 Millionen Mark unterschlagen haben. Sie wurden verhaftet. Alle drei wohnten im Rhein-Main-Gebiet, zwei von ihnen hatten nach Auskunft der Frankfurter Staatsanwaltschaft bereits Geständnisse abgelegt. Nähere Einzelheiten kamen nur zögernd an die Öffentlichkeit. Immerhin war zu erfahren, daß ein Amtsrat, ein Amtmann und ein Hauptsekretär – als Mitarbeiter der Deutschen Bundesbank waren sie Beamte auf Lebenszeit – die Millionenbeträge »vor dem Ofen gerettet« haben, wie es in einer Zeitung stand.

Der Amtsrat, der ranghöchste und mit 44 Jahren auch der älteste der drei Verdächtigen, sagte in seinem Geständnis, daß er bereits fünf Jahre vorher, im Herbst 1974, zum ersten Mal zugegriffen habe. Damals habe er einen Beutel mit zur Verbrennung bestimmten Geldern entdeckt, der nicht ganz verschlossen war. In solche Beutel war Papiergeld eingenäht, das als alt und nicht mehr brauchbar aussortiert worden war. Immerhin wanderten täglich etwa 60 Millionen Mark in den Verbrennungsofen. Die Scheine waren gelocht und damit wertlos geworden. Der zweite Mann, ein Hauptsekretär, hatte Gelegenheit, das wertlose Geld im Hause gegen »umlauffähige« Scheine umzutauschen.

Im Herbst 1974 hatten sich die Beamten zweimal kurz hintereinander mit je 100 000 Mark bedient. Ein Jahr später folgte dann der große Coup: Zwei Millionen Mark auf einen Schlag. Der dritte Mann, der festgenommen wurde, ein 36jähriger Amtmann, bestritt zunächst jede Beteiligung. Er war inzwischen aus der Bundesbank ausgeschieden und hatte sich als Makler selbständig gemacht.

Zur Entdeckung der Unregelmäßigkeiten kam es, als der Amtsrat sich im Alleingang bereichern wollte. Zunächst fiel den Prüfern bei der Bundesbank ein Paket mit abgegriffenen und gelochten Hundertmarkscheinen auf, die von verschiedenen Landeszentralbanken kamen. Solche Mischpakete konnte es im

Normalfall gar nicht geben. Sie sollten, wie es in den Vorermittlungen hieß, Teil einer Privatunternehmung des Amtsrats gewesen sein. Mit einigen Hundertmarkscheinen, Banderolen und gewöhnlichem Papier habe er ein Paket zusammengestellt, das er am Ofen gegen ein »gleichwertiges« Bündel eingetauscht habe. Den Kollegen sagte er, das Bündel stamme aus einer Polizeiaktion. Es handele sich um gefälschtes und bakteriell verseuchtes Geld, das man besser nicht mehr prüfe.

Auch soll sich der Amtsrat 160 000 Mark in bar aus einem verschlossenen Gitterschrank besorgt haben. Der Hauptsekretär habe in einem »Alleingang« sogar 917 000 Mark an umlauffähigen Banknoten gestohlen. Die verschwundene Gesamtsumme wurde inzwischen von der Staatsanwaltschaft mit 3,3 Millionen Mark angegeben, von dem ursprünglichen Vorwurf der Unterschlagung war nicht mehr die Rede. Auf Diebstahl und besonders schweren Diebstahl lautete die Anklage.

Alle drei Verdächtigen wohnten am Taunusrand, jeder in einer anderen kleinen Stadt. Sie galten als ordentliche Bürger und Familienväter, deren plötzlicher Wohlstand nicht sonderlich auffiel. Der Amtsrat war seit 1962 bei der Bundesbank beschäftigt. In seiner Heimatstadt war er im Kirchenvorstand und im Gemeinderat, besaß ein Haus und baute ein zweites dazu. Seiner Frau hatte er erzählt, er habe im Lotto gewonnen. Er war Vater von vier Kindern.

Der Hauptsekretär, der seit 1966 im Dienst der Bundesbank stand, hatte seiner Frau erzählt, er sei durch Spekulationen an der Börse zu plötzlichem Wohlstand gekommen. Er kaufte in Frankfurt ein Haus für eine halbe Million, in Coburg ein Einfamilienhaus für seine Eltern und zahlte für das eigene Domizil 285 000 Mark. Der dritte Mann, der zunächst jede Beteiligung an den Manipulationen bestritten hatte, hatte vorher schon im Alleingang einen einträglichen Handel mit Münzen organisiert. Er sagte vor Gericht: »Aktentaschenweise habe ich tagtäglich prägefrische Münzen mit nach Hause genommen, die bereits aus dem Geldverkehr gezogen waren, und sie mit Gewinn als Münzhändler verkauft.« Mit den Erfolgen in diesem Geschäft habe er seiner Familie auch den zusätzlichen Verdienst erklärt.

Im November 1979 begann der Prozeß. Zunächst ging es um die Formfrage, inwiefern über die Sicherheitsmaßnahmen der Bundesbank in der Öffentlichkeit gesprochen werden dürfe. Bundesbankpräsident Otmar Emminger erteilte den damaligen Bundesbeamten zwar die Aussagegenehmigung, bat aber das Gericht um Ausschluß der Öffentlichkeit, wenn zentrale Sicherheitsfragen zur Sprache kommen sollten. Die Rechtsanwälte bezeichneten ein solches Ansinnen als einen »Maulkorb-Erlaß«. Wenn es notwendig sei, müßten auch die Geheimnisse der »Gralshüterin der deutschen Währung« gelüftet werden, um zu beweisen, wie defekt der Sicherheitsgürtel der Bundesbank gewesen sei.

»Schade um das schöne Geld«, habe er gedacht, sagte der Amtsrat bei seiner Vernehmung im Großen Schwurgerichtssaal, der bis zur Überfülle besetzt war.

232

Und er gestand: »Die Versuchung war zu groß.«
Hinzu seien die unzureichenden Sicherheitskontrollen gekommen. Er bestätigte seine Geständnisse der Voruntersuchung, daß er zunächst aus einem zur Verbrennung bestimmten Beutel, dessen Naht nicht fest verschlossen war, den ersten Zugriff gewagt habe. Der zweite war dann schon leichter, ein Jahr später erfolgte der Griff nach zwei Millionen. Seine zwei Kollegen hätten mitgespielt. Als aber 1978 nach dem zweiten Hausbau das Geld wieder knapp geworden sei, habe er sich noch einmal bedient: 160 000 Mark aus dem Tresor, in dem die beschädigten, aber noch gültigen Scheine lagen. Er hatte drei Schlösser. Einen Schlüssel besaß der Amtsrat selbst, die zwei anderen holte er sich aus den Schreibtischen von Kollegen.

»Den Vorwurf des Diebstahls verstehe ich nicht«, sagte der Amtsrat nach dem Geständnis. Er habe doch nur die Banknoten umgetauscht, die Stückzahl habe sich nicht verändert. Und: »Bitte, sehen Sie mich nicht als einen Kriminellen an. Zu dieser Tat gehört keine kriminelle Energie. Ich war nur zu schwach, diesen übergroßen Versuchungen Widerstand zu leisten.«

Der mitangeklagte Hauptsekretär, 40 Jahre alt, wußte sehr lebhaft zu schildern, wie es ihm gelang, sich an dem zur Vernichtung bestimmten Geld bei der Deutschen Bundesbank zu bereichern und wie seine Frau ihn als geschickten Börsenspekulanten bewunderte. Er war der erste, der entdeckte, daß man schon mal eine Aktentasche voller Geldscheine mit nach Hause nehmen konnte, ohne daß es jemand bemerkte. Es waren freilich gelochte Scheine, die er zunächst zu Hause in der Garage versteckte. Als er 1973 in eine andere Abteilung versetzt wurde, konnte er sie in umlauffähige Scheine umtauschen. »490 000 Mark habe ich da umgewechselt«, sagte er vor Gericht. »Nicht 500 000, wie es in der Anklage heißt.« Denn ein Geldpäckchen habe er völlig vergessen und erst später in seiner Arbeitskleidung gefunden. Bei den gemeinsamen Aktionen war er dann auch der Umtausch-Spezialist.

Der dritte Mann, der nun auch geständig war, nannte als Tatmotive die Möglichkeit und die Begehrlichkeit. »Unser Los war es, von morgens bis abends mit Millionen umzugehen, aber selbst bescheiden leben zu müssen.« Dann sei man sich einig geworden, nach dem Motto »nicht kleckern, sondern klotzen« zu handeln. Der Zwei-Millionen-Coup sei sorgfältig vorbereitet und zielbewußt ausgeführt worden.

Das Urteil war für die Beteiligten überraschend. Die Anklagevertreter hatten für alle drei Beschuldigten um die fünf Jahre Haft beantragt, die Verteidiger um Bewährungsfrist gebeten. Letztere wurde allen drei Angeklagten gewährt, die Strafen fielen entsprechend niedrig aus: Zwei Jahre für den Amtsrat, ein Jahr und neun Monate für den Hauptsekretär und zwei Jahre für den Amtmann. Geldbußen von 200 000 bis 500 000 Mark kamen hinzu. »Das ist keine Strafe, das ist eine Belohnung«, lauteten die ersten Kommentare.

Neben anderen Kommentatoren meldete sich Klaus Lüdderssen, Professor für Strafrecht, Strafprozeßrecht, Rechtsphilosophie und Rechtssoziologie zu

Wort. Sein Grundsatz: Ist dieses Urteil verdient, dann verdienen andere Urteile strengen Tadel. Die Anklagebehörde legte sogleich Revision ein. Der Bundesgerichtshof hob die Urteile auf. »Rechtsfehlerhafte Anwendung der Grundsätze zur Strafanmessung« seien festgestellt worden, hieß es in dem Beschluß.

In einem neuen Prozeß vor der Zweiten Strafkammer des Frankfurter Landgerichts überraschte zunächst die Mitteilung, daß die drei verurteilten Beamten der Deutschen Bundesbank ihren Verpflichtungen gegenüber dem ehemaligen Arbeitnehmer nachgekommen seien. Sie hätten 5,6 Millionen Mark zurückbezahlt. Was nicht hinderte, daß die revidierten Urteile wesentlich höher waren als die ersten: dreieinhalb Jahre für den Amtsrat, drei Jahre und drei Monate für den Amtmann und drei Jahre für den Hauptsekretär. Eine Aussetzung auf Bewährung war bei der Höhe der Strafe nicht mehr möglich.

Im Jahr 1983 wurde ein vierter Mann zu drei Jahren und drei Monaten Haft wegen fortgesetzten schweren Diebstahls verurteilt. Er hatte den Tresor zu bewachen, aus dem die anderen die millionenschweren Geldbündel holten.

Rolf Meixner auf großer Fahrt. Die Polizei verfolgte den
Verdächtigen über die Inseln des Mittelmeeres bis nach Mallorca.

Die Polizei jagt den Verbrecher übers Mittelmeer

Besonderes Kennzeichen: Tätowierung auf dem linken Unterarm. Es ist ein Seemannsgrab. Ein Sarg, der auf dem Wasser schwimmt, dazu ein Kreuz. Ein Zeichen der Leidenschaft für das Meer. Zum Verhängnis wurde diese für den Frankfurter Rolf Meixner, der vor der Polizei nach Italien flüchtete, dort – wie es später in einem Indizienprozeß festgehalten wurde – eine dreiköpfige Familie aus Iserlohn auslöschte, um in den Besitz ihres Bootes zu kommen, von deutscher und italienischer Polizei verfolgt durch das Mittelmeer kreuzte, auf Mallorca festgenommen wurde und in Frankfurt nach einem Prozeß, der fast ein Jahr dauerte, zu lebenslangem Freiheitsentzug verurteilt wurde.

Der Name des Rolf Meixner, der das Handwerk des Weißbinders und Verputzers gelernt und zuletzt seinen Wohnsitz im westlichen Frankfurter Vorort Sossenheim hatte, tauchte schon Anfang der siebziger Jahre in Polizei- und Gerichtsakten auf. Von einem besonders scheußlichen Notzuchtverbrechen an einem 14jährigen Mädchen war da die Rede. Meixner wurde zu siebeneinhalb Jahren Haft verurteilt, später wegen weiterer Straftaten von einem Gericht in Wiesbaden zu insgesamt 13 Jahren. Er wurde vorzeitig entlassen und geriet erneut in die Schlagzeilen. Anfang Januar 1980 wurde sein Name im Zusammenhang mit einer geplanten Gefangenenbefreiung mit Geiselnahme genannt. Drei Männer, so hieß es, wollten gemeinsam in den Sitzungssaal einer Strafkammer eindringen, die Justizbeamten als Geiseln nehmen und den Angeklagten befreien. Eine junge Frau aus Deutschland hatte im schwedischen Malmö die Polizei darüber informiert. Sie glaubte auch zu wissen, daß die Geiseln nach vollbrachter Tat erschossen werden sollten.

Rolf Meixner wurde wegen dieses Verdachtes am 6. Januar 1980 im Frankfurter Polizeipräsidium vorgeführt. Es gelang ihm, den Haftrichter davon zu überzeugen, daß die Zeugin »wirres Zeug« geredet habe. Die Frau war Alkoholikerin und hatte einige Zeit in einer Nervenklinik zugebracht. Als sich der Verdacht dennoch verdichtete und Meixner obendrein beschuldigt wurde, am Raubüberfall auf einen Supermarkt in Rotenburg bei Fulda beteiligt gewesen zu sein, war er verschwunden. Er habe sich mit einem Teil des im Rotenburg geraubten Geldes nach Italien abgesetzt, vermutete die Polizei. Der Fall hatte später politische Dimensionen angenommen, führte zu Anfragen im hessischen Landtag. Deutsche und italienische Polizei fahndeten nach dem verschwundenen Rolf Meixner. Wie mit einem Donnerschlag geriet der Name im Sommer 1980 wieder ins Licht der Öffentlichkeit. Als der eines dreifachen Mörders.

Am 24. Juni wurde die Segeljacht »Berumi II« bei heftigem Wind auf den felsigen Strand nahe Chiavari an der Italienischen Riviera getrieben. Gäste vom nahe gelegenen Campingplatz »El Mare« kamen zu Hilfe. Ein Mann war auf dem Boot, der sich Heinz

Gschwandner nannte, und ein junges Mädchen. Die beiden blieben über Nacht auf dem Campingplatz, fuhren am nächsten Morgen davon. Der angebliche Gschwandner kam allein zurück. Auf dem Campingplatz erzählte er, das Mädchen sei nach Deutschland zurückgereist. Er ließ die beschädigte Segeljacht auf einer Werft reparieren und neu streichen. Am 30. Juni verließ er auf der Jacht »Berumi II« den Küstenort Chiavari und ward zunächst nicht mehr gesehen.

Der angebliche Heinz Gschwandner war Rolf Meixner. In seiner Frankfurter Wohnung hatten Kriminalbeamte eine Scheckkarte des Karlsruher Geschäftsmannes Gschwandner gefunden, diesem war sie in Bad Hersfeld gestohlen worden. Als Frankfurter Kriminalbeamte an die Riviera reisten, identifizierten Campinggäste Rolf Meixner auf mitgebrachten Fotos. Auch das verschwundene Mädchen wurde als die 13jährige Michaela Gerke erkannt, die mit ihren Eltern zu einem Segelurlaub an die Riviera gekommen war. Von den Eltern fehlte jede Spur.

Der eigenartige Name »Berumi« für die Segeljacht war aus den Anfangsbuchstaben der Vornamen der dreiköpfigen Familie zusammengesetzt. Der 35jährige Dachdeckermeister Bernhard Gerke war mit seiner 34jährigen Frau Ruth und der Tochter Michaela am 20. Juni 1980 in Rapallo an der italienischen Riviera eingetroffen. Der Vater hatte das Auto in einer Garage abgestellt, am nächsten Morgen hatte die Familie mit ihrer Jacht den Hafen von Rapallo verlassen. Die Polizei nahm an, daß der »Bootsnarr« Meixner irgendwo unterwegs darum gebeten hatte, ihn ein

Stück mitzunehmen. Der Verdacht, der Mann aus Frankfurt habe das Ehepaar Gerke auf der eigenen Jacht ermordet und die Leichen ins Wasser geworfen, dann die Tochter Michaela an der Küste getötet, verdichtete sich nach weiteren Ermittlungen. Für brauchbare Hinweise über den Verbleib des Verdächtigen wurden 1500 Mark Belohnung ausgesetzt.

Auf der Insel Sizilien nahmen die deutschen Fahnder die Spur des Verfolgten Anfang September wieder auf. Der Weg Meixners ließ sich zurückverfolgen. Danach steuerte er nach der Abfahrt von Chiavari die Insel Elba an, gab sich dort als deutscher Tourist »Heinz« aus und erzählte in fröhlicher Runde, daß er beabsichtige, über Korsika, Sardinien, Sizilien und weiter entlang der nordafrikanischen Küste oder über Griechenland bis zur Nilmündung zu segeln. Auf Korsika wurde »Heinz« noch einmal von Urlaubern gesehen. Das Boot war jetzt grau gestrichen und hieß »Thai«. Auf Sardinien wäre Meixner beinahe entdeckt worden. Nach Sizilien aber, wo ihn die Frankfurter Beamten erwarteten, kam der Gesuchte nicht. Er bewegte sich auf spanische Gewässer zu.

Auf der Baleareninsel Menorca tauchte er wieder auf. Die Jacht aber war nahe der Insel Formentera gefunden worden. Sie war gestrandet. Mit dem Fährschiff fuhr Meixner nach Menorca und drehte ein neues Ding. Er überfiel ein älteres Ehepaar aus Mannheim auf dessen Segeljacht, bedrohte es mit der Pistole und zwang es, mit ihm nach Mallorca zu segeln. Vier Tage war man unterwegs. Im Hafen von Porto Christo zwang Meixner den Ehemann, Reiseschecks einzuwechseln und Proviant für seine weitere Flucht zu besorgen. Dem Ehepaar hatte der Flüchtende so etwas wie ein »Mordgeständnis« geliefert. Er habe schon das Ehepaar Gerke auf dem Gewissen, hatte er dem Geschäftsmann und seiner Ehefrau erklärt.

Meixner ließ die beiden frei und besorgte sich ein neues Boot. Inzwischen waren ein Beamter der Frankfurter Mordkommission und Staatsanwalt Gerhard Fuchs auf die Ferieninsel gereist. Die Fahndung – vor allem auch bei den deutschen Urlaubern auf Mallorca – wurde verstärkt. Am 12. September 1980 war schließlich die abenteuerliche Reise zu Ende. In der Bar »Nido de Pepe« in der Inselhauptstadt Palma de Mallorca wurde der »Killer vom Mittelmeer«, wie er inzwischen genannt wurde, überrumpelt und festgenommen. Schon am nächsten Tag hieß es in den Zeitungen: »Meixner gesteht drei Morde!« Einen Tag später lauteten die Schlagzeilen: »Meixner gesteht nicht!« Es habe sich nur um Widersprüche in seinen Aussagen gehandelt.

Rolf Meixner wurde zunächst in Spanien festgehalten, wanderte in das Gefängnis »Herrero de la Mancha« in Ciudad Real nahe der Hauptstadt Madrid. Die spanischen Haftbedingungen behagten ihm nicht, er beschwerte sich bei einem Rechtsanwalt. In Frankfurt wurde erklärt, die deutschen Justizbehörden könnten darauf keinen Einfluß nehmen. Die Frage aber, ob der Mann überhaupt nach Deutschland ausgeliefert werde, war ein halbes Jahr nach der Festnahme noch nicht geklärt. Er werde zunächst wegen der Geiselnahme des Mannheimer Ehepaars in Spanien vor Gericht gestellt und dann vielleicht nach Italien ausgeliefert.

Nach drei Jahren Haft in Spanien wurde der Mordverdächtige den deutschen Behörden übergeben. Unter scharfer Bewachung kam er Ende Juli 1983 auf dem Frankfurter Flughafen an. Staatsanwalt Fuchs gab sich optimistisch, als er sagte, der Prozeß wegen dreifachen Mordes werde noch im gleichen Jahr beginnen. Es dauerte länger als ein Jahr, bis die Anklage erhoben wurde. Erst im April 1985 – rund fünf Jahre nach den Taten, die ihm vorgeworfen wurden – begann der Prozeß gegen Rolf Meixner. Daß dieser fast ein Jahr dauern sollte, war freilich nicht vorauszusehen.

»Rolf Meixner hat aus Habgier drei Menschen getötet«, hieß es in der Anklageschrift. Seine Leidenschaft für das Segeln sei Anlaß des Geschehens an der italienischen Adria gewesen. Schon während seiner Haft in Schwalmstadt habe er im Trockenkurs segeln gelernt, habe eine Reihe von Fachzeitschriften abonniert. Als er später wieder verhaftet werden sollte, sei er nach Italien an die Küste geflohen. Dort habe er Kontakt mit der Familie Gerke aus Iserlohn aufgenommen, habe das Ehepaar erschossen und später die Tochter ermordet. Spuren der Schüsse wurden auf der Segeljacht des Ehepaares gefunden.

Der Angeschuldigte verteidigte sich mit einer völlig anderen Version. Die Familie habe das Innere des Bootes mit Spirituskochern beheizen wollen. Dabei hätten sie Blumentöpfe über die Flammen gestülpt. Das Ehepaar sei wegen Sauerstoffmangels erstickt.

242

Als er hinzukam, sei es bereits tot gewesen. Er habe Angst gehabt, daß man ihm, der wegen verschiedener Vergehen in Deutschland gesucht wurde, auch noch zwei Morde unterschieben werde. Darum habe er die Leichen im Meer versenkt.

Der Prozeß begann unter ungünstigen Vorzeichen. Schon am ersten Tag hatten Beobachter das Gefühl, als sei hier jeder gegen jeden. Die Rechtsanwälte deckten das Gericht mit Anträgen ein. Der Angeklagte erklärte dann, er habe Bauchweh und könne dem Geschehen nicht folgen. Nach einer Pause verlangte der Angeklagte Rolf Meixner, Staatsanwalt Fuchs solle abgelöst und wegen einer Falschaussage in einem Zivilprozeß im Gerichtssaal verhaftet werden. Außerdem beantragte er, den Mordprozeß gegen sich wegen falscher Prozeßführung einzustellen. Schließlich wollten auch die Vertreter der Anklage die Vorsitzende Richterin Johanna Dierks wegen Befangenheit abgelehnt wissen. Die Strafrichterin erklärte, das Prozeßklima sei unerträglich geworden.

So ging das bis zum Urteil im März 1986. Von den 111 geladenen Zeugen kamen viele nicht, Aussagen widersprachen sich. Rolf Meixner wurde immer wieder schwer belastet, andere Zeugen versuchten, ihn zu decken. Hinzu kam, daß immer wieder neue Befangenheitsanträge des Angeklagten und seiner Verteidiger das Verfahren verzögerten. Am Ende waren es mehr als 25. An der Anklage, Meixner habe die Familie Gerke heimtückisch und aus Habsucht ermordet, änderte sich nichts, auch nicht an der Version des Angeklagten, es habe sich um einen Unglücksfall gehandelt.

Am 10. Januar 1986 forderte der Staatsanwalt in seinem Plädoyer dreimal lebenslange Haft für Rolf Meixner wegen dreifachen Mordes. Einige Tage später wartete der Beschuldigte mit einer völlig neuen Version des Geschehens auf. Er brauchte mehrere Stunden, um eine hundert Seiten lange Prozeßerklärung zu verlesen. Das Ehepaar Gerke habe ihn im Juni 1980 zu einer Segelfahrt auf die Jacht »Berumi II« eingeladen. Es sei ein windiger Tag mit bewegter See gewesen. In einer Windböe sei das Boot plötzlich »quergeschlagen«. Frau Gerke sei vom Baum der Jacht vermutlich am Kopf getroffen worden und sofort über Bord gegangen. Ihr Mann sei ihr ohne Schwimmweste ins Meer nachgesprungen. Meixner: »Mein größter Fehler war, daß ich nicht gleich den Rettungsring geworfen habe.« Dreißig Minuten habe er nach dem Ehepaar gesucht. Aus Angst, in Verdacht zu geraten, habe er den Vorfall nicht bei den italienischen Behörden gemeldet.

Nachdem das Boot bei Chiavara gestrandet sei, habe er Verbindung mit Paolo Lippera aufgenommen. Der Italiener, der als »Vollstrecker der Mafia« galt, war 1976 in Frankfurt verurteilt worden, weil er den Jugoslawen Joseph Tudic erstochen hatte, wurde dann nach Italien ausgeliefert und lebte dort in Freiheit. Meixner hatte den Italiener im Gefängnis kennengelernt, er besaß dessen italienische Adresse. Lippera und seine Freunde sollten die 13jährige Michaela Gerke am Bahnhof von Chiavara abholen und für ihre Heimreise nach Deutschland sorgen. Später habe er erfahren müssen, daß das Kind nie zu Hause ankam.

Es sei von Mädchenhändlern nach Ägypten verschleppt worden.

Neue Beweisaufnahme, neue Zeugen, neue Auseinandersetzungen zwischen Verteidigern, Staatsanwälten und dem Gericht. Am 21. März 1986 endlich das Urteil: lebenslange Haft wegen dreifachen Mordes. Ein Revisionsbegehren der Verteidigung beim Bundesgerichtshof sowie eine spätere Verfassungsbeschwerde wurden zurückgewiesen.

Die Belohnung von 1500 Mark aber wurde aufgeteilt: 1000 Mark erhielt der aufmerksame spanische Wirt Pepe, 500 das Ehepaar, das als Geisel mit Meixner übers Meer fuhr.

Zu einer Mahnwache vor dem Dom fanden sich Obdachlose und
Sympathisanten, nachdem vier Menschen ermordet worden waren.
Sie wollten zugleich auf ihre Situation aufmerksam machen und
gegen die Gleichgültigkeit der Menschen protestieren.

Ein »Hammermörder« in der Welt der Obdachlosen

Am 12. Dezember 1990 starb der fünfzigjährige Elektriker Arthur Gatter in seinem Zimmer der Klinik für gerichtliche Psychiatrie in Gießen. Der Mann hatte sich mit einer Mullbinde am Fenster erhängt. Ein Pfleger fand den Toten, als er ihm um 11 Uhr das Mittagessen bringen wollte. Der »Hammermörder« von Frankfurt ist tot.

Es habe keinerlei Anzeichen für eine Selbstmordgefahr gegeben, teilte die Anstaltsleitung kurz nach Bekanntwerden des Falles mit. Niemand weiß, was in dem Mann in den letzten Stunden seines Lebens vorgegangen ist. Ob es wiederum die »inneren Stimmen« waren, von denen er bei seinen Vernehmungen gesprochen hatte und die ihm befohlen hatten, andere Menschen zu töten, ausschließlich Menschen, die am Rande der Gesellschaft lebten? Oder ob er nach psychiatrischer Behandlung plötzlich klar erkannte, was er angerichtet hatte? In der Zeit vom 1. Februar bis 22. Mai 1990 hatte Arthur Gatter sechs Männer mit einem Hammer erschlagen. Zwei weitere wurden schwer verletzt, einer starb bald nach der Tat.

Es geschah auf der Hauptachse der Obdachlosigkeit in Frankfurt. Sie verläuft vom Hauptbahnhof über die Hauptwache und den Anlagenring bis zur Großmarkthalle, wo sich einige am frühen Morgen als Gelegenheitsarbeiter verdingen, um die Bedürfnisse des Tages bezahlen zu können. Unter den Arkaden der Weißfrauenstraße fand ein Wachmann in der Nacht zum 2. Februar 1990 den 43jährigen Heinz Peter Schmitt. Er war am Kopf schwer verletzt. Der Mann stammte aus Limburg, lebte seit etwa zehn Jahren in Frankfurt. Wie die meisten der rund 4000 Obdachlosen in der Stadt war er ein Einzelgänger, hatte kaum Kontakt mit anderen »Berbern«. Fünf Tage später fanden Passanten den 32jährigen Karl-Helmut Hinz mit schweren Schädelverletzungen in der Friedberger Anlage, ganz in der Nähe der Diskothek »Plastik« im ehemaligen Bethmannschen Gartenhaus. Der Verletzte starb zwei Tage später im Krankenhaus.

Fast zwei Monate blieb es ruhig, die Tötungsversuche waren fast vergessen. Am 2. April aber geschah der erste vollendete Mord auf der Szene der Obdachlosen. Mit zertrümmertem Schädel lag der 34jährige Helmut Röder auf der überdachten Bank einer Bushaltestelle an der Zeil. Der verhältnismäßig junge Mann zählte seit fünf Jahren zu den Obdachlosen. Die Bank war schon fast ein Jahr lang sein Schlafplatz. Hans Peter Mokry, 46 Jahre alt, hatte eigentlich einen festen Schlafplatz in einer Obdachlosenunterkunft. Es war mehr ein Zufall, daß er auf einer Bank im Rechneigraben eingeschlafen war. Mit zwei Schlägen wurde ihm der Schädel zertrümmert. In der Nacht darauf starben zwei Menschen auf Parkbänken in der Eschenheimer Anlage, nur fünfzig Meter voneinander entfernt. Engelbert Gryschka war 60, der Jugoslawe Nicola Zuvelek 42 Jahre alt.

Die Unruhe in der Frankfurter Bevölkerung wuchs, eine solche Mordserie hatte die Stadt noch nicht erlebt. Die Stadtstreicher hatten Angst, gerieten in Panik, rückten gegen ihre Gewohnheit enger zusammen und forderten Schutz. Die Polizei hatte inzwischen 80 Beamte gegen den »Hammermörder« angesetzt. Sie fuhren Fahrradstreifen, suchten Kontakte mit der Stadtstreicherszene. Puppen wurden auf Parkbänke gelegt, schließlich stellten sich Beamte als »Köder« zur Verfügung. Es war ein lebensgefährlicher Job. In den Mitteilungen der Polizei hieß es: »Ausgeraubt hat der Mörder seine Opfer nicht. Wir müssen davon ausgehen, daß er ein Psychopath ist.« Was hätte er auch schon viel rauben können?

Der nächste Tote, der im Anlagenring nahe dem Stadtbad Mitte (an der ehemaligen »Haschwiese«) gefunden wurde, gehörte nicht der Berberszene an. Der 32jährige Brasilianer Santos dos Freitas kam aus dem Homosexuellen-Milieu. In der Nacht zum Sonntag, 20. Mai, kam er von einem Fest der Brasilianer in Heddernheim, ließ sich von Freunden bis zur Konstablerwache im Auto mitnehmen. Um zwei Uhr verließ er die Bekannten, um 3.50 Uhr fand ihn eine Polizeistreife am Weiher in der Bockenheimer Anlage. Die Spuren waren deutlich. Der Mörder hatte dem Mann aufgelauert und ihn hinterrücks niedergestochen. Der Brasilianer konnte sich noch bis zur nächsten Bank schleppen, wo ihm der Unbekannte den Schädel einschlug. In der Nacht zum 22. Mai 1990 schlug Arthur Gatter zum letzten Mal zu. Mit einem 800 Gramm schweren Schlosserhammer zertrümmerte er in der Grünanlage an der Alten Mainzer Gasse, ein paar Schritte vom Römerberg entfernt, dem 59jährigen Stadtstreicher Heinrich Oltrogge die Schädeldecke. Der Mann starb einige Tage später. Ein Anwohner hatte gegen 1.15 Uhr die schweren Schläge gehört. Er konnte beobachten, wie ein »kleiner dicker Mann mit dunklen Haaren« in Richtung Innenstadt lief. Er verständigte sofort die Polizei. Im ersten Bericht hieß es dann: »Der Zeuge hatte eine genaue Personenbeschreibung durchgegeben. Am U-Bahn-Abgang der Konstablerwache konnte der 50 Jahre alte Elektriker Arthur Gatter, der in der Gronauer Straße in Bornheim wohnt, bereits eine Viertelstunde nach der Tat festgenommen werden. Unter der Jacke hielt der Mann krampfhaft eine Plastiktüte versteckt. In ihr trug er ein großes Fleischermesser und einen Schlosserhammer mit sich herum. Am Messer klebte noch frisches Blut.«

Noch in der gleichen Nacht wurde Arthur Gatter im Polizeipräsidium vernommen. Er gab die Morde und Mordversuche zu, beschrieb sie bis ins Detail. Er habe immer versucht, die Opfer mit dem ersten Schlag auf den Kopf zu treffen, »daß sie nichts mehr merkten«. Innere Stimmen hätten ihn getrieben. Er habe mit aller Kraft versucht, sich gegen sie zu wehren. Sie hätten ihm das Hirn zusammengezogen, die Nervenstränge von der Wirbelsäule gerissen. Er habe sich nicht wehren können.

Arthur Gatter wurde 1940 in Ravensburg nahe dem Bodensee geboren. Die Mutter war schon vom Vater getrennt, als das Kind auf die Welt kam. Zehn Jahre später heiratete sie noch einmal. Der Junge lernte nach der Volksschule den Beruf des Elektro-Installateurs.

Als 19jähriger beschloß er, mit einem Freund zusammen nach Australien auszuwandern. Die Mutter und der Stiefvater siedelten auch vorübergehend nach Australien über. Gatter geriet mit dem Freund in Streit, reiste nach Deutschland zurück. Den Vernehmungsbeamten erzählte er, daß er immer wieder im Ausland auf Montage war. In Saudi-Arabien sei er gewesen, in Kuwait und anderen Ländern des Orients. In Frankfurt hatte er eine Wohnung.

Seit Mitte der achtziger Jahre habe er nicht mehr arbeiten können, erzählte er den vernehmenden Beamten. Um diese Zeit begannen seine Schwierigkeiten. Der Hauswirt kündigte ihm die Wohnung in der Wilhelm-Leuschner-Straße. Nachbarn hatten sich beschwert, daß im Treppenhaus Fenster zerschlagen wurden, Klosettschüssel und Waschbecken aus den Angeln gehoben wurden. Auf frischer Tat wurde Gatter nie ertappt, aber er machte sich verdächtig, weil er »so komische Sachen« sagte. 1988 kam es dann schlimmer. Der Mann, der jetzt in Bornheim wohnte, wurde beobachtet, wie er auf einem Firmengelände im Riederwald Autoreifen zerstach. Weil er so »komisches Zeug« redete, wurde er zur Beobachtung in die Gerichtspsychiatrie in Haina geschickt. Drei Tage später wurde er auf freien Fuß gesetzt. »Keine positiven Merkmale von Geisteskrankheit festzustellen«, hieß es.

Der Prozeß wegen der Reifenstecherei verzögerte sich. Inzwischen wurde Gatter vorgeworfen, er habe an Altbauten außen verlegte Telefonkabel zerschnitten. Am 19. Februar 1990 fand die Hauptverhandlung vor Gericht statt. Ein psychiatrischer Gutachter bezeichnete den Angeklagten als schuldunfähig. Er wurde freigesprochen und blieb auf freiem Fuß. Als das Urteil gesprochen wurde, hatte Arthur Gatter bereits zwei Mordversuche begangen, eines seiner Opfer war schon tot.

Die »inneren Stimmen« zwangen diesen Mann zum Töten. Warum aber nur Obdachlose und einen Homosexuellen? Die Journalistin Edith Kohn deutete in der (damals noch existierenden) Zeitschrift »Pflasterstrand« die Sache so: »Seine Ersparnisse hätten nicht ewig gereicht. Danach hätte er Sozialhilfe beantragen müssen, genau wie die Obdachlosen. Er lebte genauso isoliert, genauso einsam wie sie. Hat Arthur Gatter über die Opfer versucht, den Obdachlosen in sich abzutöten?«

Nachwort

Im Vorwort zu dem Buch »Die Geschichte des Verbrechens«, das der Juraprofessor, Politiker und Justizreformer Gustav Radbruch – das Haus für Freigänger der Strafvollzugsanstalt in Frankfurt-Preungesheim ist nach ihm benannt – gemeinsam mit Heinrich Gwinner geschrieben hat, heißt es: »Das Thema des Buches sind nicht die Verbrechen, wie sie in den Tatbeständen der Strafgesetzbücher allgemein formuliert werden, vielmehr das Ganze der Gesellschaft. Sie werden als adäquate Krisenerscheinungen des sozialen, politischen und kulturellen Lebens behandelt.« Als der Verfasser des vorliegenden Buches mit den Recherchen über Kriminalfälle in Frankfurt vom Mittelalter bis heute begann, wurde ihm sehr bald deutlich: Fast jedes Verbrechen, das im Laufe der Jahrhunderte in dieser Stadt geahndet wurde, stand in einem Zusammenhang mit den Bedingungen des sozialen, politischen und kulturellen Lebens. Die Geschichte der großen Kriminalfälle ist auch ein Stück lokaler Geschichte.

Immer wieder haben sich Juristen, Schriftsteller und Journalisten mit dem Thema »Kriminalität in Frankfurt« beschäftigt. Der Journalist Richard Kirn plante einen »Frankfurter Pitaval«, von dem schon einige Kapitel vorbereitet waren. Sie waren dem Autor dieses Buches bei der Spurensicherung eine Hilfe. Der Franzose François de Pitaval, der von 1673 bis 1743 lebte, hatte eine Sammlung von berühmten Kriminalfällen angelegt. Friedrich von Schiller hatte sie als erster in deutscher Sprache ausgewertet. »Neue Pitavals« tauchten später auf.

Der erste Weg auf der Suche nach Frankfurter Überlieferungen führte natürlich ins Stadtarchiv, wo die »Criminalia«, die vollständigen Prozeßakten von 1508 bis 1856, fein säuberlich mit der Hand geschrieben, ruhen. Zwei Doktoranten hatten sich in früheren Jahren schon für ihre Dissertationen der Quellen bedient. Die Arbeit von Ferdinand Rau aus dem Jahr 1906 mit dem Titel »Beiträge zum Kriminalrecht der Reichsstadt Frankfurt am Main im Mittelalter bis 1532« war eine Quelle für Erkenntnisse zu einer frühen Strafjustiz.

Im Jahr 1532 erließ Kaiser Karl V. die »Carolina«, die zu einer Grundlage der Strafjustiz in den folgenden Jahrhunderten wurde. In seiner Dissertation »Strafjustiz in der Reichsstadt Frankfurt am Main im 16. und 17. Jahrhundert« aus dem Jahr 1957 befaßt sich der Frankfurter Jurist Karl-Ernst Meinhardt mit Kriminalfällen aus jener Zeit. Er hat auch ein Büchlein geschrieben, das unter dem Titel »Kriminalfälle aus der Reichsstadt Frankfurt« bei Waldemar Kramer erschienen ist. In Gesprächen wußte er dem Autor dieses Buches eine Fülle von Einzelheiten aus der Kriminalgeschichte zu erzählen.

Die Geschichte vom Amtsrichter, der dreißig Jahre nach seinem Tod gefunden wurde, ist in der »Frankfurter Polizeigeschichte« von Kurt Kraus erwähnt, in der auch viele Einzelheiten von den Veränderungen im Polizeiwesen der Stadt aufgezeichnet sind. Mit den Fällen Lichtenstein und Karl Hopf hat sich vor allem Richard Kirn schon befaßt, der auch mit Madlen Lorei zusammen die Bücher »Frankfurt und die goldenen zwanziger Jahre« und »Frankfurt und die drei wilden Jahre« geschrieben hat. Sie dienten als Anregungen zu weiteren Nachforschungen.

In der »Frankfurter Zeitung« der zwanziger Jahre fanden sich ausführliche und sorgfältige Darstellungen der großen Prozesse dieser Zeit, über die Ereignisse von 1950 bis in unsere Tage finden sich im Archiv der »Frankfurter Neuen Presse« dicke Ordner voller Zeitungsberichte aus den Federn der Polizei- und Gerichtsreportern, denen hiermit herzlichst gedankt sei für die Vorarbeit.

Wendelin Leweke

Die Abbildungen entstammen den Archiven
des Historischen Museums, des Stadtarchivs
und der Frankfurter Societäts-Druckerei GmbH.
Aufnahmen: Gerd Scheffler

CIP-Titelaufnahme der Deutschen Bibliothek

Leweke, Wendelin:
"Gretchen" und die Nitribitt: Frankfurter Kriminalfälle /
Wendelin Leweke. – Frankfurt am Main:
Societäts-Verl., 1991
ISBN 3-7973-0493-5